W0365040

Die Vorgeschichte der Russischen Revolution 1861-1917

Grundwissen Geschichte

Herausgegeben von Tanja Schliebe

Band 1

MARTIN BLINKHORN
Mussolini und das faschistische Italien

Band 2

ALAN WOOD
Die Vorgeschichte der Russischen Revolution
1861-1917

Alan Wood

Die Vorgeschichte der Russischen Revolution

1861-1917

Aus dem Englischen
von Theodor Bergmann

Decaton Verlag
Grundwissen Geschichte
Band 2

Der Autor:

Alan Wood ist Senior Lecturer an der Universität von Lancaster. Von Alan Wood erscheint 1995 in der Reihe Grundwissen Geschichte das Buch *Stalin und Stalinismus.*

Titel der englischen Originalausgabe:
The Origins of the Russian Revolution 1861-1917

Übersetzung nach der zweiten Auflage 1993
Erschienen bei Routledge, London

Die Deutsche Bibliothek - CIP-Einheitsaufnahme
Wood, Alan:
Die Vorgeschichte der Russischen Revolution : 1861 - 1917 /
Alan Wood. Aus dem Engl. von Theodor Bergmann. -
1. Aufl. - Mainz : Decaton-Verl., 1994
(Grundwissen Geschichte ; Band 2)
Einheitssacht.: The Origins of the Russian revolution <dt.>
ISBN 3-929455-34-X
NE: GT

Erste Auflage 1994

Verlagsanschrift: Postfach 21 61, 55011 Mainz
Satz und Gestaltung: DMS, Mainz
Druck und Bindung: Druckerei Dan
Printed in Slovenia
ISBN 3-929455-34-X

Inhalt

Vorwort

In der früheren Sowjetunion haben dramatische, noch vor wenigen Jahren nicht vorauszusagende Wandlungen stattgefunden, in einem Staat, der von den revolutionären Erhebungen 1917 und dem Sieg der Bolschewiki in dem folgenden Bürgerkrieg (1918-1822) geschaffen worden war. 1985 wurde Michail Gorbatschow Generalsekretär der sowjetischen Kommunistischen Partei und leitete ein Programm weitreichenden ökonomischen und institutionellen Umbaus (Perestroika) und eine Politik der Offenheit und Informationsfreiheit (Glasnost) ohne Präzedenz in der Sowjetgeschichte ein. 1991 hatten seine Reformen so viel soziale Unzufriedenheit und politisches, ökonomisches Chaos und soziale Unrast in den nicht-russischen Republiken erzeugt, daß im August dieses Jahres ein Klüngel von Politikern der harten Linie einen Putsch gegen ihn verübten, ihn unter Hausarrest stellten und den nationalen Notstand ausriefen. Der Putsch wurde niedergeschlagen; aber in dem folgenden Wirbelsturm sozialer Transformation wurde die KPdSU ausgelöscht, Gorbatschow zum Rücktritt gezwungen und die UdSSR (auch) formell aufgelöst. Die Sowjetära der russischen Geschichte war vorüber.

Die Verhältnisse revolutionären Wandels und der Ungewißheit, die sich innerhalb des heutigen Rußland fortsetzen, hatten eine tiefe Wirkung auf die Art, wie die Geschichte der Revolutionen von 1917 heute in dem Lande verstanden, studiert und gelehrt wird, in dem sie stattfanden. Einige der neuen Theorien, Umstände und Perspektiven bei der Neubeschreibung der russischen Revolutionen werden im letzten Kapitel diskutiert. Die zentrale These über die Kräfte, die die Vorgeschichte der russischen Revolution bestimmt haben ist, daß die Ereignisse von 1917 nur vor dem komplexen Hintergrund sozialer, politischer, ökonomischer und kultureller Entwicklungen innerhalb des Russischen Reiches in der Periode zu verstehen sind, die mit der Befreiung der Leibeigenen 1861 begann. Die letzten Jahrzehnte des 19. Jahrhunderts waren eine Periode, in der die Völker des Russischen Reiches einen schmerzhaften und doppelsinnigen Prozeß durchmachten. Diesen würden marxistische Historiker als einen Übergang vom Feudalismus - charakterisiert von Autokratie und Leibeigenschaft - zum Kapitalismus - gekennzeichnet in einem im Grunde noch agrarischen Land von einer unvollkommenen ökonomischen Infrastruktur, neuen städtischen sozialen Kräften und den widerwilligen Experimenten zaristischer Regierungen mit quasi-parlamentarischen politischen und legislativen Institutionen - beschreiben. In dem vulkanischen Boden dieser Übergangsära wurden die Samen der Revolution gesät.

Ein kurzer Blick auf die Vorschläge weiterführender Lektüre zeigt, daß die Autoren anderer Publikationen über die russische Revolution, ihren Hintergrund und ihr Nachspiel ganz verschiedene Zeitabschnitte gewählt haben (z.B. 1900-1927, 1899-1919, 1917-1932), in die sie ihre Analyse gestellt haben. Der Datumsschnitt des Oktober 1917 in der vorliegenden Arbeit soll nicht bedeuten, daß der revolutionäre Prozeß damals aufgehört hätte. Offenbar war das nicht der Fall; die Betonung liegt eher auf den vorgegebenen Umständen der Revolutionen vom Februar und Oktober, als auf ihren Folgen, die in gewissem Maße in einer anderen Abhandlung dieser Reihe behandelt werden (*Stalin und Stalinismus*, erscheint 1995).

Alan Wood
Lancaster 1993

Hinweise und Danksagung

Alle russischen Vornamen wurden verdeutscht (also Nikolaus statt Nikolai). Zunamen, Ortsnamen und russische Fachausdrücke wurden nach einem vernünftigen, leicht erkenntlichen Muster transskribiert, das Elemente der internationalen Standardsysteme kombiniert.

Daten werden nach dem Julianischen Kalender wiedergegeben, der bis 1918 in Rußland galt. Im 19. Jahrhundert war dieser um 12, im 20. Jahrhundert um 13 Tage hinter dem westlichen (gregorianischen) Kalender zurück.

Dank schulde ich Eric Evans und David King für wertvollen editorischen Rat, Brenda Wright für Hilfe als Sekretärin und John Haywood für die Erstellung der Landkarte. Ich möchte den Berufskollegen in England und der früheren Sowjetunion wie auch unbekannten Lesern und Rezensenten meinen Dank aussprechen, die die englische Edition kommentiert haben. Wo es angebracht schien, wurden ihre Anregungen berücksichtigt.

Diese Abhandlung ist allen ehemaligen Angehörigen und Studenten des Instituts für russische und Sowjet-Studien der Universität von Lancaster gewidmet, das wie das Russische Reich auch ein Ding der Vergangenheit ist, wenn auch mit weniger Begründung.

Chronologische Ereignisse

Vor 1861

1584-1613	Periode sozialen und politischen Aufruhrs, die »Zeit der Unruhen«.
1613	Wiederherstellung der Autokratie; Michael Romanow wird Zar.
1613-1696	Konsolidierung der autokratischen Regierung; die bürgerliche, religiöse und militärische Unruhe geht weiter.
1696-1725	Herrschaft von Peter I. (Peter der Große). Großer Nordischer Krieg (1700-1721); Rußland wird eine führende europäische Macht.
1725-1762	Ära der Palastrevolutionen.
1762-1796	Herrschaft von Katharina II. (Katharina die Große).
1773-1775	Pugatschow-Aufstand.
1790	Radischtschews *Eine Reise von St. Petersburg nach Moskau* erscheint.
1801-1825	Herrschaft von Alexander I.
1825	Aufstand der Dekabristen.
1825-1855	Herrschaft von Nikolaus I.
1836-1848	Streit der Westler und Slawophilen.
1848	Revolutionen in Europa.
1853-1856	Krim-Krieg; Niederlage Rußlands.
1855-1881	Regierung von Alexander II.
1856	Alexander II. verkündet seine Absicht, die Leibeigenschaft abzuschaffen.

1861-1916

1861	Aufhebung der Leibeigenschaft.
1861-1864	Periode sozialer und intellektueller Unruhe; Ursprünge der

	revolutionären Volkstümler; erste Bewegung *Semlja i wolja*; »Ära der Manifeste«; polnischer Aufstand (1863); Prozeß und Verbannung von Tschernyschewski.
1864	Einführung von örtlicher Selbstverwaltung und Gerichtsreformen.
1866	Karakozow versucht, Alexander II. zu ermorden.
1866-1874	Der »weiße Terror«; die revolutionäre Theorie der Volkstümler wird weiterentwickelt.
1874	Militärreformen.
1874+1875	Bewegung »Unter das Volk gehen«.
1876	Bildung der zweiten *Semlja i wolja*.
1879	Spaltung von *Semlja i wolja* wegen der Frage des Terrorismus; Bildung der *Cherny peredel* und des *Narodnaja wolja*.
1881	Alexander II. wird von Mitgliedern des *Narodnaja wolja* ermordet.
1881-1894	Regierung Alexander III.
1883	In Genf wird die erste russische marxistische Gruppe gegründet, Gruppe »Befreiung der Arbeit«.
1893	Witte wird Finanzminister.
1894-1917	Regierung Nikolaus II.
1894-1901	Intensives Industrialisierungsprogramm.
1897-1900	Lenin in der sibirischen Verbannung; verstört von »revisionistischen« Tendenzen in der sozialdemokratischen Bewegung.
1898	1. Kongreß der Sozialdemokratischen Arbeiterpartei Rußlands (SDAPR).
1900	1. Ausgabe der *Iskra*; Gründung der Partei der Sozialrevolutionäre (SR).
1901-1905	Wirtschaftskrise; agrarische und industrielle Unruhen.
1902	Lenin publiziert *Was tun?*.
1903	2. Parteitag der SDAPR; Spaltung in Menschewiki und Bolschewiki.
1904-1905	Russisch-japanischer Krieg; Niederlage Rußlands.
1905	Nach dem Massaker des Blutigen Sonntags (Januar) revolutionäre Unruhen in ganz Rußland; der Zar verspricht eine Verfassung (August); Generalstreik, Bildung des Sowjets in St. Petersburg; kaiserliches Manifest gestattet Wahlen zur Staatsduma (Oktober); Unterdrückung des Moskauer Aufstands (Dezember).
1906	1. Staatsduma; Stolypin wird Premierminister.
1906-1911	Stolypins Agrarreform.

1907	2. Staatsduma; Stolypin ändert das Wahlgesetz.
1907-1912	3. Staatsduma.
1911	Ermordung Stolypins.
1912	Massaker im Lena-Goldbergwerk; erneut industrielle Unruhen; endgültige Spaltung von Menschewiki und Bolschewiki.
1912-1917	4. Staatsduma.
1912-1916	Rasputin-Skandal; die Kluft zwischen Regierung und Gesellschaft vertieft sich.
1914	Deutsche Kriegserklärung gegen Rußland.
1915	Nikolaus II. wird Oberbefehlshaber; Beziehungen Regierung - Duma verschlechtern sich; Bildung des Fortschrittsblockes.
1916	Ermordung Rasputins.

1917

Jan.-Feb.	Streiks und zivile Unruhen in Petrograd.
26.-27. Feb.	Soldaten weigern sich, auf Demonstranten zu schießen; die Garnison schließt sich der revolutionären Bewegung an.
27. Feb.	Bildung des Petrograder Sowjets der Arbeiterdeputierten.
1. März	Entwurf von Befehl Nr. 1 des Petrograder Sowjets; Aufruf zur Wahl von Soldatenräten.
2. März	Thronverzicht von Nikolaus II.; Bildung der ersten Provisorischen Regierung; Entstehung der »Doppelherrschaft«; Programm der demokratischen Reform und der bürgerlichen Freiheiten angekündigt.
3. April	Lenin kehrt nach Rußland zurück; formuliert die *April-Thesen*; fordert »Alle Macht den Räten«.
20.4.-2.5.	Protest gegen Miljukows »Kriegsnote«; Zerfall der 1. Provisorischen Regierung.
5. Mai	Bildung der 2. Provisorischen (Koalitions-)Regierung; Ernennung sozialistischer Minister, Kerenski wird Kriegsminister.
3. Juni	1. Allrussischer Kongreß der Arbeiter- und Soldatenräte eröffnet.
18. Juni	Beginn der Galizischen Offensive.
2. Juli	Trotzki tritt den Bolschewiki bei.
3.-4. Juli	Gewalttätige Demonstrationen gegen die Regierung in Petrograd.

5.-7. Juli	Befehl zur Verhaftung der Führer der Bolschewiki; Lenin versteckt sich.
8. Juli	Kerenski wird Premierminister.
16. Juli	Kornilow zum Oberbefehlshaber ernannt.
23. Juli	Verhaftung Trotzkis.
Juli-Sept.	Agrarische Unruhen, Kampfstimmung der Arbeiterklasse und Fahnenflucht der Soldaten steigern sich.
27.-30. Aug.	Wiederbewaffnung der Roten Garden; Niederlage von Kornilows militärischem Staatsstreichversuch.
September	Trotzki wird befreit; wird Vorsitzender des Petrograder Sowjet; Bolschewiki erobern Mehrheit der Sowjets in Petrograd und Moskau; Lenin nimmt erneut die Parole »Alle Macht den Räten« auf.
10. Okt.	Lenin nimmt an der Sitzung des ZK der Bolschewiki teil; seine Aufforderung zum bewaffneten Aufstand wird gebilligt.
20. Okt.	1. Sitzung des Revolutionären Militärkomitees des Petrograder Sowjets.
24.-25. Okt.	Bewaffnete Arbeiter und Soldaten unter Führung der Bolschewiki und organisiert vom Revolutionären Militärkomitee übernehmen die wichtigsten Gebäude und Einrichtungen in Petrograd.
25.-26. Okt.	Verhaftung von Ministern der Provisorischen Regierung; Ankündigung des bolschewistischen Umsturzes auf dem 2. Sowjetkongreß; die Delegierten der Menschewiki und der SR ziehen unter Protest aus.
26.-27. Okt.	Sowjetkongreß billigt Dekret über Frieden und Dekret über den Boden; ernennt 1. Sowjetregierung, den Rat der Volkskommissare unter Vorsitz Lenins; alle Mitglieder sind Bolschewiki.

Glossar russischer Begriffe

Bolschewik	Mehrheitler: Mitglied der Fraktion Lenins (der harten Linie) der Sozialdemokratischen Arbeiterpartei Rußlands.
bunt	spontaner Bauernaufruhr, Ausschreitung.
Cherny peredel	Schwarze Umteilung, revolutionäre Volkstümlerpartei, die den politischen Terror ablehnte.
dwoewlastie	Doppelherrschaft, besonders für die Teilung der politischen Macht zwischen Provisorischer Regierung und dem Petrograder Sowjet März-Oktober 1917 benutzter Begriff.
dworjanstwo	Grund (und vor 1861 Leibeigene) besitzender Adel.
Duma	Versammlung oder Komitee, besonders die Staats-Duma, eine gewählte, quasi-parlamentarische Institution 1906-1917.
intelligenzia	radikale Intellektuelle.
Iskra	»Der Funke« - revolutionär-marxistische Zeitung, 1900 von Lenin gegründet.
Iswestija	»Nachrichten« - Zeitung des Sowjets von St. Petersburg und Petrograd.
Kadet	Mitglied der Partei der gemäßigten Konstitutionellen Demokraten.
khlyst	wörtlich »eine Geißel«; Mitglied der selbstgeißelnden Sekte, zu der Rasputin gehörte.
khozhdenie v narod	»Unters Volk gehen« - Massenkreuzzug junger Volkstümler zu den Bauern 1874-1875.
kulak	wörtlich: »Faust«, herabsetzender, ungenauer Begriff für einen reichen Bauern.
Menschewik	Minderheitler; Mitglied der gemäßigten, nicht-bolschewistischen Fraktion der SDAPR.
MolodajaRossija	»Junges Rußland«, aufrührerisches revolutionäres Manifest von 1862.
narod	das Volk: im 19. Jahrhundert allgemein für die Bau-

	ernschaft gebraucht.
Narodnaja wolja	Volkswille: terroristische revolutionäre Organisation, verantwortlich für die Ermordung von Zar Alexander II.
narodnichestwo	eine Sammlung sozialer und politischer Ideen und Organisationen, die die gemeinsamen Interessen der Bauernschaft vertreten wollten.
narodnik	Volkstümler - Mitglied der Bewegung der Volkstümler. (pl. *narodniki*)
obschtschina	russische kleinbäuerliche Gemeinde oder Gemeinschaft.
Prawda	»Wahrheit« - Zeitung der Partei der Bolschewiki, gegründet 1912.
pogrom	gewalttätiger Angriff auf ethnische oder soziale Minderheiten; besonders Angriffe gegen Juden.
pud	Gewichtseinheit; 1 Pud = 16,38 kg.
Sowjet	Rat: insbesondere der Rat der Arbeiterdeputierten, zuerst 1905 und wieder 1917 gebildet.
Sownarkom	Rat der Volkskommissare: Revolutionsregierung der Bolschewiki, im Oktober 1917 gebildet.
Trudowik	Mitglied der Gruppe der Arbeit, eine liberal-linke Koalition in der Staatsduma. (pl. *Trudowiki*)
Semlja i wolja	Land und Freiheit: revolutionäre Organisation der Volkstümler, 1861-1864 und 1876-1879.
semstwo	ländliches Selbstverwaltungsorgan, 1864 gebildet. (pl. *semstwa*)

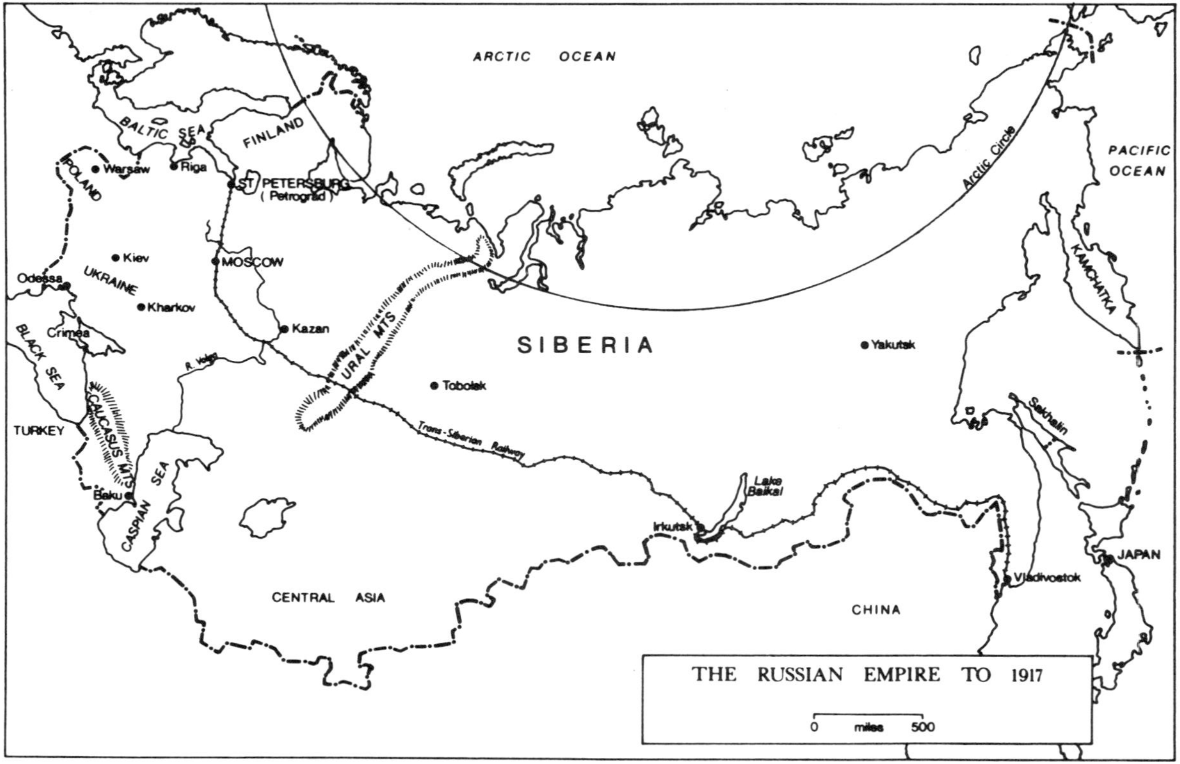
ARCTIC OCEAN
PACIFIC OCEAN
Arctic Circle
BALTIC SEA
FINLAND
POLAND
Warsaw
Riga
ST. PETERSBURG
(Petrograd)
Kiev
MOSCOW
Odessa
UKRAINE
Kharkov
Kazan
Crimea
BLACK SEA
R. Volga
URAL MTS
SIBERIA
Yakutsk
KAMCHATKA
Tobolsk
Trans-Siberian Railway
TURKEY
CAUCASUS MTS
Baku
CASPIAN SEA
Sakhalin
Lake Baikal
Irkutsk
JAPAN
Vladivostok
CENTRAL ASIA
CHINA
THE RUSSIAN EMPIRE TO 1917
0 miles 500

1
Einführung

Man kann behaupten, daß die russische Revolution von 1917 das wichtigste Ereignis in der politischen Geschichte des 20. Jahrhunderts ist. Ein zeitgenössischer Beobachter der Revolution, der amerikanische Journalist John Reed, betitelte seinen berühmten Bericht über diese Ereignisse *Zehn Tage, die die Welt erschütterten*, und man spürt die Beben und den Widerhall des Aufstandes noch heute. 76 Jahre nach dem Ereignis (wenn diese Zeilen geschrieben werden) haben die Schockwellen, die 1917 von Rußland ausgingen, noch immer einen direkten oder indirekten Einfluß auf eine ganze Reihe politischer, ökonomischer, ideologischer, diplomatischer und politischer Probleme in der ganzen Welt. Eine Einschätzung von Ursachen, Verlauf und Folgen der russischen Revolution ist daher nicht nur eine Sache von historischem Interesse, sondern etwas Entscheidendes für ein richtiges und informiertes Verständnis der politischen Welt, in der wir leben und in der die frühere Sowjetunion - ein Staat und eine Gesellschaft, die aus dieser Revolution hervorgegangen sind - eine so entscheidende Rolle gespielt hat.

Diese Abhandlung beschränkt sich auf eine Überprüfung der Gründe und des Verlaufs der Revolution - von der Befreiung der russischen leibeigenen Bauern 1861 bis zur Ergreifung der politischen Macht durch die Bolschewiki und der Bildung der ersten Sowjetregierung im Oktober 1917. Warum beginnen wir eine Untersuchung der Revolution von 1917 im Jahr 1861? Man braucht nicht die marxistisch-leninistische Sicht auf die Geschichte zu akzeptieren, um Lenins eigener Meinung zuzustimmen, daß die Ursprünge der Revolution auf die unbefriedigende Gesetzgebung zurückzuführen sind, die 1861 in Rußland die Leibeigenschaft beseitigte. Das zweideutige und in sich widersprüchliche Programm der Verwaltungsreform, das dem Befreiungsgesetz folgte, erzeugte neue soziale, politische und intellektuelle Kräfte, die jedoch innerhalb des Rahmens eines rigiden politischen, absolutistischen, autokratischen Staates eingeschlossen wurden. Es ist ein physikalisches, wenn nicht ein historisches Gesetz, daß ein Dampfdruck, der sich in einem festen Behälter ohne Raum zur Ausdehnung, ohne strukturelle Elastizität und ohne eingebaute Sicherheitsventile entwickelt, unverzüglich explodieren und das Gefäß sprengen muß. Diese gefährlichen latenten und aktiven Kräfte waren in den Jahrzehnten vor 1917 für jeden sicht- und fühlbar. Für die Autokratie wie für die Opposition war die Revolution ständig eine reale Möglichkeit. Russische Intellektuelle schrieben und sprachen ständig über sie; Aktivisten organisierten sich für sie; die Regierung erließ Gesetze gegen sie; und die verbündeten Kräfte von Militär und Polizei waren ständig auf der Hut, um sie zu unterdrücken. Aber es waren die Massen, das russische Volk, die sie schließlich durchführten.

In der Folge versuchen wir, einige der objektiven Umstände und subjektiven Faktoren zu beschreiben und zu analysieren, die zu diesem Prozeß beitrugen und die jene Spannungen und Widersprüche innerhalb des Russischen Reiches erzeugten, die schließlich keiner anderen als einer revolutionären Lösung zugänglich waren. Zuerst ist es jedoch notwendig, einige der hervorstechenden Merkmale des zaristischen Regimes zu identifizieren und die führenden Traditionen der revolutionären Opposition gegen dieses aufzuspüren.

2
Autokratie und Opposition

Das kaiserliche Regime: Kontraste und Widersprüche

Das Russische Reich zur Zeit der Revolution war ein Land greller Kontraste. Es war die größte Landmacht der Welt. Vom Herzen Osteuropas bis zur Küste des Pazifik, von der Arktis bis zu den Wüsten Zentralasiens und den Grenzen Chinas, erstreckte es sich - wie später die Sowjetunion - über ein Gebiet, das etwa 1/6 der gesamten Landmasse der Erde umfaßte. Ein Mischmasch von Territorien und Bevölkerung bedeutete jedoch, daß, während 2/3 des Landes östlich des Uralgebirges in den eisigen Weiten Sibiriens lagen, die Masse der Bevölkerung in den europäischen Provinzen Rußlands wohnte und arbeitete, in der Ukraine, Weißrußland, Polen (damals Bestandteil des Reiches) und im Kaukasus. Der erste russische Herrscher, der sich selbst Kaiser nannte (im Unterschied von Zar) war Peter I. (Peter der Große, Regierung 1696-1725). Das Reich, das er von seinen moskowitischen Vorfahren im 17. Jahrhundert erbte, war bereits von beträchtlichen Dimensionen quer über die eurasische Landmasse, aber es war seine dauerhafteste Leistung, als Ergebnis seines Sieges über Schweden im großen Nordischen Krieg (1700-1721) Rußland als vorherrschende Macht in Nord- und Osteuropa zu etablieren.

Die Bedeutung von Rußlands Einzug in Europa kann nicht überschätzt werden. Ebenso schicksalhaft waren die umgekehrten Einflüsse Europas auf Rußland. Die Hauptrichtung von Peters Reformen war, die militärische und Zivilverwaltung seines Landes nach europäischen Mustern umzubilden und die Angehörigen seines landbesitzenden Dienstadels (*dworjanstwo*) zu zwingen, westliche Gewohnheiten, Sitten, Erziehung und Einstellungen anzunehmen. Auf diese Weise schuf Peter eine tiefe Spaltung in der russischen Gesellschaft - oder vielmehr: er schuf zwei Gesellschaften. Auf der einen Seite war die gebildete, verwestlichte *dworjanstwo*, die sich in dem halben Jahrhundert nach Peters Tod in einen voll ausgewachsenen, müßiggängerischen, Land und Leibeigene besitzenden Adel wandelte, der die meisten, wenn nicht alle Privilegien einer europäischen Aristokratie genoß. Auf der anderen Seite war das russische Volk (*narod*), die leibeigenen Bauern, die weiter erbarmungslos ausgebeutet, geschoren und zum Militär gezogen wurden, während sie gleichzeitig in einem großen Sumpf von Unwissenheit, Not, Aberglauben und periodischem Hunger stecken blieben. Diese soziale und intellektuelle Kluft, die den Adel vom *narod* trennte, machte die komplexe und ambivalente Natur des Verhältnisses zwischen »modernem« Europa und »rückständigem« Rußland deutlich; diese war ein wesentliches Leitmotiv der Geschichte des Landes im ganzen 19. Jahrhundert.

Weitere Beispiele von Doppeldeutigkeit und Widerspruch sind in der politischen Struktur, den wirtschaftlichen Verhältnissen, der militärischen Macht und sogar den kulturellen Errungenschaften Rußlands am Vorabend der Revolution zu finden.

Zuerst einmal war der russische Kaiser ein absoluter Autokrat. Das bedeutet: es gab keine gesetzlichen oder konstitutionellen Begrenzungen seiner oder ihrer Machtausübung, Auswahl von Ministern und Beamten oder der Formulierung der staatlichen Politik. Ein Wort des Zaren genügte, um jede Gesetzgebung oder Institution zu ändern, zu übergehen oder zu beseitigen. Während des 18. und 19. Jahrhunderts hatte es mehrere Versuche gegeben, Vorschläge für eine Art konstitutioneller Reformen zu entwerfen, die die Macht des Zaren begrenzen, von denen jedoch keine Erfolg hatte. Erst die revolutionären Unruhen von 1905 zwangen den letzten russischen Zaren Nikolaus II. (Regierung 1894-1917), die Abhaltung von Wahlen für eine beratende und gesetzgebende Nationalversammlung, bekannt unter dem Namen Kaiserliche Staatsduma, zu verfügen. Trotz der widerwilligen Konzession des Zaren an das Prinzip irgendeiner Art begrenzter Politikteilnahme, der Legalisierung politischer Parteien und der Verkündung einer Reihe von grundlegenden Gesetzen, blieb die Regierungsreform weiterhin eine absolute Autokratie. Mit anderen Worten: Wenn der Autokrat die Verfassung (und die Duma dazu) abschaffen wollte, gab ihm die Verfassung das Recht, gerade das zu tun. Weder Fisch noch Fleisch, war der Begriff einer konstitutionellen Autokratie nicht nur nicht praktikabel, er war eindeutig eine politische Absurdität, zum Scheitern verurteilt.

In wirtschaftlicher Hinsicht war die Lage ähnlich problematisch. Rußlands industrielle Rückständigkeit im Vergleich mit den anderen europäischen Großmächten war durch die Niederlage im Krim-Krieg (1853-1856) enthüllt und grell beleuchtet worden. In der Folge, wenn auch nicht sofort, verlegte sich die Regierung auf ein intensives Industrialisierungsprogramm, das Rußland schnell von einem der an der Jahrhundertwende wirtschaftlich am wenigsten entwickelten Länder Europas zu einem der führenden Industrieländer der Welt machte. In diesem Prozeß nahm Rußland völlig die Erscheinung und das Wesen einer modernen kapitalistischen Ökonomie an. Zum ersten Mal in seiner Geschichte entstand eine große Industriearbeiterschaft oder ein Proletariat und eine ökonomisch mächtige Mittelklasse von Geschäftsleuten, Bankiers, Rechtsanwälten, Finanziers und Fabrikbesitzern. Gleichzeitig blieb jedoch die große Mehrheit der Bevölkerung - etwa 80 Prozent - gemeinschaftlich organisierte Bauern, die in ihren Dörfern unter Bedingungen arbeiteten und lebten, die sich seit dem 18. Jahrhundert nur wenig verändert hatten. Auch waren viele Städter offiziell als Bauern registriert, und Rußland war noch eine überwiegend agrarische Gesellschaft. Dieses hautnahe Nebeneinander einer modernen Industriegesellschaft und einer großen, landhungrigen Bauernschaft, deren ökonomische Interessen lange von der Regierung vernachlässigt wurden, ist ein Schlüsselfaktor für das Verständnis der Natur der Revolution von 1917.

Ferner ist für ein Verständnis der Ereignisse dieses Jahres die Rolle des Militärs sehr wichtig. Und auch hier sind wir mit einem anderen offenbaren Paradoxon konfrontiert. Macht und Ansehen des Russischen Reiches beruhten am Ende auf der Stärke seiner Streitkräfte. Die russische Armee war die größte militärische Kraft der Welt und wurde nicht nur für auswärtige Kriege, sondern auch zur Aufrechterhaltung der inneren Ordnung und zur Unterdrückung ziviler Unruhen gebraucht, die die Stabilität des Regimes bedrohten. Im Gefolge von Rußlands Niederlage auf der Krim gab es in den 1870er Jahren eine Reihe radikaler Militärreformen, die die Streitkräfte für die Aufgaben moderner Kriegsführung zu reorganisieren und neu auszurüsten versuchten. Trotz dieser Veränderungen resultierte eine Überschätzung ihrer Stärke jedoch in einer weiteren militärischen Katastrophe, dieses Mal gegenüber den Japanern im Krieg 1904-1905. Das mächtige Russische Reich wurde von einem relativ kleinen asiatischen Land besiegt, das sich jedoch erfolgreicher und effizienter modernisiert hatte als sein riesiger und scheinbar mächtigerer Nachbar. Die Vorzeichen für Rußlands Teilnahme am Ersten Weltkrieg waren daher kaum günstig. Ob seine katastrophale Leistung in diesem Konflikt die Revolution von 1917 schneller herbeiführte oder nicht, diese Frage wird später diskutiert werden; aber das Paradoxon ist klar: einerseits eine große Weltmacht, die auch über furchterregende militärische Ressourcen verfügt, und andererseits eine Armee, die immer unfähiger wird, ihre Aufgaben zu erfüllen, ob es die siegreiche Führung eines Krieges ist oder die Kontrolle der mörderischen Kräfte der zivilen Unruhen.

Auch kulturell und intellektuell war Rußland unter der Regierung von

Nikolaus II. ein Land, das der Welt zwei verschiedene Gesichter zeigte. Die etwa zwei Jahrzehnte vor 1917 sind als das silberne Zeitalter der russischen Kultur, als russische Renaissance und mit ähnlichen Worten beschrieben worden, die die innovative Natur und hohe ästhetische Qualität seiner künstlerischen und literarischen Leistungen unterstreichen. Tatsächlich bildeten viele von Rußlands Dichtern, Malern und Musikern die Avantgarde der zeitgenössischen europäischen Kultur. Die Dramen und Kurzgeschichten von Anton Tschechow und Maxim Gorki, die Dichtung von Alexander Blok und der symbolistischen Schule, die Musik von Skrjabin, Strawinsky und Prokofieff, neue Bühnentechniken, deren Pioniere Stanislawski und Meyerhold waren, und die philosophisch-religiösen Ideen von Berdjajew und Rozanow, wie auch die wissenschaftlichen Entdeckungen von Forschern wie Mendelejew und Pawlow - sie waren alle charakteristisch für diese Ära intensiver kultureller Aktivität und Erfolge. Die Leistungen sind unbestreitbar; sie waren jedoch natürlich das exklusive Gehege der gebildeten oberen Klassen und der intellektuellen Elite. Nach zeitgenössischen westlichen Standards war das Niveau der Massenerziehung und Alphabetisierung beschämend niedrig. Die Mehrheit der Bauernbevölkerung waren noch Analphabeten und hatte in jedem Fall mit dringenderen Problemen des einfachen täglichen Lebens zu kämpfen. Es gab wenig Lyrik, Lernen oder Schönheit im Leben der Massen, und vielen schienen die eleganten Ergüsse der Intelligenzia eine selbstgefällige Absage an die soziale und moralische Verantwortung gegenüber dem russischen Volk zu sein. Wiederum stehen wir vor einem Widerspruch: ein Land, dessen glänzende künstlerische, wissenschaftliche und literarische Leistungen an der Spitze der europäischen Zivilisation standen, dessen Bevölkerungsmehrheit aber seine eigene Sprache weder lesen noch schreiben konnte.

Ein weiterer komplizierender Faktor bei der Betrachtung des Zustandes des Russischen Reiches am Vorabend der Revolution ist die ethnische Zusammensetzung der Bevölkerung. 1917 stellten die Russen nur 40 Prozent einer Gesamtbevölkerung von 163 Millionen. Der Rest bestand aus einer großen, heterogenen und vielsprachigen Sammlung nationaler Minderheiten mit extremen Unterschieden in Größe und Zivilisationsniveau. Während der ganzen Geschichte des Reiches hatten sie periodisch ihre Unzufriedenheit mit ihrem minderen Status und mit der fortgesetzten russischen Beherrschung zum Ausdruck gebracht. Das manifestierte sich in vielen Formen von Akten individuellen Protestes und zivilen Ungehorsams bis zu verbreiteten und gut bewaffneten nationalen Aufständen, die Trennung und Autonomie forderten. Diese wurden immer erbarmungslos unterdrückt. Den polnischen Aufständen von 1830 und 1863 z.B. folgten Exekutionen und das Exil zehntausender polnischer Patrioten zu ständiger

Verbannung in Sibirien. Von den anderen Nationalitäten litten besonders die Juden unter einer Vielzahl von Beschränkungen ihres Aufenthalts, der Erziehung, beruflicher Möglichkeiten und ökonomischer Aktivitäten. Sie waren auch regelmäßig die Opfer von offiziell nachsichtig zugelassenen Kampagnen von Gewalttätigkeit des Mobs, Brandstiftung, Plünderung und Vergewaltigung - die berüchtigten *Pogrome*. Abgesehen von Polen und dem »jüdischen (Siedlungs-)Gebiet« waren anti-russische Gefühle auch anderswo im Reich stark; und unter den zentrifugalen Kräften, die das zaristische Regime seinem endgültigen Kollaps entgegentrieben, waren die nationalen Unabhängigkeitsbewegungen unter den nicht-russischen Völkern ein emotional aufgeladener und außerordentlich starker Faktor.

Das Russische Reich umfaßte daher am Anfang des 20. Jahrhunderts eine höchst flüchtige Mischung von protzendem Reichtum und knisternder Armut; Macht und Schwäche; Rückständigkeit und Modernität; Despotismus und drängendem Bedarf nach Wandel. Überall konnte man Beispiele des Nebeneinanders von Barbarei und Kultiviertheit finden; von europäischen und asiatischen Traditionen, fortgeschrittener Technologie und primitiver Techniken; Aufklärung und Ignoranz. Das ist natürlich keine Situation, die historisch einzigartig für Rußland gilt; sie ist vielmehr heute in manchen unterentwickelten oder sich entwickelnden Gesellschaften in der ganzen Welt zu finden. Die starken Kontraste und Widersprüche im Rußland der Periode zwischen den Revolutionen von 1905 und 1917 veranlaßten den großen russischen Schriftsteller Leo Tolstoi zu der ironischen Bemerkung, Rußland sei »das einzige Land in der Welt, wo Dschingis Khan sich des Telephons bedienen kann«.

Die revolutionäre Tradition

Die Dynastie der Romanow, die von der Revolution von 1917 zerstört wurde, war selbst Ergebnis eines Vierteljahrhunderts revolutionärer Unruhe, die Rußland an der Wende vom 16. zum 17. Jahrhundert erschöpfte, einer Periode, die traditionell als die »Zeit der Unruhen« (1584-1613) bekannt ist. Die Ernennung von Michael Romanow zum neuen Zaren 1613 löste zwar das unmittelbare politische Problem, bot aber keine einfache Lösung für die fortdauernden sozialen und ökonomischen Schwierigkeiten des Landes; und die Mitte des 17. Jahrhunderts war von so vielen Beispielen von Aufruhr, Meuterei, Rebellion und religiöser Spaltung gekennzeichnet, daß der russische Historiker Kljuschewski diese Periode die »Zeit der Revolte« nannte. Sofort von seiner Einsetzung an war daher das neue Regime von einer Reihe potentiell revolutionärer Herausforderungen seiner Autorität bedroht, die das Muster für die nächsten drei Jahrhunderte von Autokratie und Opposition bildeten.

Die meisten dieser frühen Unruhen waren elementar, wild, anarchisch und nicht auf irgendein besonderes politisches Ziel gerichtet. Insbesondere waren sie nicht gegen den Zaren gerichtet oder - genauer - gegen die Autokratie als Institution. Es war vielmehr ein Kennzeichen vieler Volksbewegungen des 17. und 18. Jahrhunderts, daß sie von einem Thronprätendenten geführt wurden, einem Betrüger, der behauptete, der rechtmäßige Zar zu sein, der die Rechte des Volkes wiederherstellen und ihren Beschwerden abhelfen werde. Die Terrorherrschaft Peters des Großen provozierte viel Widerstand der Massen, den er im ganzen unter Kontrolle halten konnte, wenn auch nur mit einer Vielzahl brutaler Repressalien. Daß er vor seinem Tode 1725 keinen Erben benannte, leitete eine Periode politischer Wirren ein, die manchmal als »Ära der Palastrevolten« erwähnt wird. Der schnelle Wechsel unbeachtlicher Charaktere auf dem russischen Thron zwischen 1725 und 1762 hatte keinerlei revolutionäre Folgen für die Struktur von Staat oder Gesellschaft. Es ging nur darum, einen Monarchen gegen einen anderen auszutauschen, rein als Galionsfigur für diese oder jene besondere Fraktion am Hofe, Clique oder Favoriten. Diese Palastrevolten demonstrierten jedoch eine Sache, nämlich wie wichtig es war, die Loyalität des höheren Militärs, insbesondere der Regimenter der Palastgarde zu erhalten, die sich oft als Königsmacher beteiligten. Auf die Tradition der Regimentscoups und die entscheidende Rolle der militärischen Elite in Zeiten politischer Krise werden wir später zurückkommen.

Eine der bedeutendsten Palastverschwörungen war die von 1762, die zur Einsetzung von Katharina II. (Katharina die Große) als Kaiserin führte. Während ihrer langen Herrschaft (1762-1796) fanden zwei schicksalsträchtige Ereignisse statt, die beide eine wichtigere Strömung im Geflecht der revolutionären Bewegung repräsentierten, die sich in den nächsten 150 Jahren entwickelte. Die erste der beiden war die Massenrevolte von Kosaken und Bauern unter der Führung des Thronprätendenten Emeljan Pugatschow zwischen 1773 und 1775. In ihrer geographischen Verbreitung, ihrer zahlenmäßigen Unterstützung, in der Vielfältigkeit ihres Echos beim Volk und in der Breite ihrer Anhängerschaft - Kosaken, religiöse Schismatiker, Fabrikarbeiter, Stammesangehörige und Bauern - stellte die Pugatschow-Rebellion die gefährlichste Bedrohung der Stabilität des russischen Staates seit der Zeit der Unruhen dar. In diesem Falle wurde die Revolte niedergeschlagen, der gemarterte Körper ihres Führers öffentlich hingerichtet, und eine blutrünstige Kampagne von Hinrichtungen und Repressalien in den betroffenen Regionen durchgeführt. Pugatschow war tot, aber sein Geist suchte die Autokratie weiterhin heim, und der Geist der Rebellion inspirierte jene späteren revolutionären Aktivisten, die an die eingeborene antiautoritäre und aufrührerische Natur des russischen *narod* glaubten.

Wenn Pugatschow die Volksrevolte personifizierte, dann stellt der Fall des Alexander Radischtschew (1749-1802) summarisch das Phänomen theoretischer Kritik und radikaler intellektueller Herausforderung des Regimes dar, das im Laufe des 19. Jahrhunderts in bedrohlichen Proportionen wachsen sollte. 1790 publizierte Radischtschew eine schneidende Kritik an Katharinas Rußland unter dem Mantel eines Reisetagebuches mit dem Titel *Eine Reise von St. Petersburg nach Moskau*. Die Veröffentlichung - mit ihrer bitteren Anklage von Leibeigenschaft, Militarismus, Korruption und Regierungstyrannei und ihrer Fürsprache für Legalität, Menschenrechte und individuelle Freiheit - war eine literarische und politische Bombe. Radischtschew wurde verhaftet, verhört und nach Sibirien verbannt. Das erwies sich als der Eröffnungsschuß in einem langandauernden Kampf zwischen der russischen Regierung und Angehörigen der kritischen - später kämpferischen und sogar revolutionären - Intelligenzia. Solange die Volkskräfte, die Pugatschow repräsentierte, und die intellektuellen Herausforderungen, von Radischtschew vertreten, voneinander isoliert blieben, wie es im großen ganzen während des folgenden Jahrhunderts der Fall war, war das Regime relativ gesichert. Als jedoch am Anfang des 20. Jahrhunderts Intelligenzia und *narod* ihre Kräfte vereinigten, wie zwei gefährliche Chemikalien, schwemmte die resultierende Explosion die zaristische soziale und politische Ordnung beiseite, deren Produkte beide waren.

Der erste offene Versuch revolutionären Wandels, der intellektuelle Opposition mit den bekannten Techniken des *Militärputsches* verband, aber noch eine Beteiligung des Volkes scheute, war die fehlgeschlagene Dekabristen-Revolte von 1825 (so benannt nach dem Aufstandsdatum vom 14. Dezember). Der unerwartete Tod Alexanders I. (Regierung 1801-1825) beschleunigte die Pläne einer Gruppe hochgebildeter Armee-Offiziere der mittleren Ränge, einen Militärputsch anzuzetteln, der die Autokratie stürzen und eine Art konstitutioneller Monarchie oder gar eine republikanische Regierungsform einführen sollte. Die Rebellion wurde mit Leichtigkeit unterdrückt; fünf ihrer Führer wurden gehängt und über 100 weitere Offiziere zu sibirischer Verbannung verurteilt. Der Hauptgrund, warum die versuchte Revolution keinen Erfolg hatte, war, daß es *keine revolutionäre Situation* gab. Als die Dekabristen beschlossen, auf die Straße zu gehen, gab es keinen nationalen Notstand - nur einen kleinen Schluckser über die monarchische Erbfolge. Es gab keine Wirtschaftskrise, keine äußere Bedrohung, keinen Zusammenbruch der sozialen Ordnung, keine Massenunruhe

- in der Tat keinen der objektiven Umstände, die gewöhnlich die Voraussetzung einer erfolgreichen Revolution bilden, wie 1917. Aber obwohl die Dekabristenrevolte mißlang - vielleicht, *weil* sie mißlang - kann sie mit Recht als Beginn der revolutionären Bewegung des 19. Jahrhunderts angesehen werden. Die Teilnehmer wurden als Märtyrer verehrt, und die Ideale und das Beispiel dieser »Adels-Revolutionäre« hat immer wieder spätere Generationen von Reformern, Radikalen und Revolutionären gleichermaßen inspiriert.

Die Herrschaft des neuen Zaren, Nikolaus I. (1825-1855) ist als Kulminationspunkt des Absolutismus bezeichnet worden. Aber trotz der reaktionären, militaristischen und obskurantistischen Natur seiner Herrschaft hat es in dieser Periode einige bemerkenswerte, kräftige, intellektuelle Aktivitäten gegeben; eine von deren markantesten Manifestationen war die »Westler-Slawophilen«-Debatte der 1840er Jahre. Sehr vereinfacht waren die Westler jene Intellektuellen, die glaubten, die Antwort auf Rußlands Probleme liege darin, dem Beispiel der europäischen Zivilisation zu folgen. Insbesondere bewunderten sie die westlichen Traditionen konstitutioneller Regierung, des Respekts für die Rechte des Individuums, die rationale Philosophie und die Herrschaft des Rechts. Einige der radikalen Westler waren auch vom zeitgenössischen französischen sozialistischen Denken und von den Theorien des deutschen Philosophen Hegel beeinflußt, die ein prominenter Westler als die »Algebra der Revolution« beschrieb. Instinktiv gegen die Brutalität der zeitgenössischen Wirklichkeit in Rußland rebellierend und bestätigt durch diese Theorien begannen die radikalen Westler der 1840er Jahre in Begriffen von Revolution zu denken, die das einzige Mittel zur Veränderung dieser Realität zum besseren bot.

Die Slawophilen andererseits erklärten, was im Rußland von Nikolaus I. schieflaufe, war schon zuviel Europäisierung, zu viel Bürokratie und Beamtenwelt und ein Zusammenbruch - so glaubten sie - der traditionellen Harmonie der russischen Gesellschaft. Als Ausgangspunkt ihrer Philosophie nahmen die Slawophilen die Traditionen und Lehren der russisch-orthodoxen Kirche; sie dachten, Rußlands zukünftige Größe läge in einer Rückkehr zu den eingebildeten Tugenden ihrer moskowitischen Vergangenheit. Sie sprachen von der Dekadenz und Fäulnis der modernen europäischen Zivilisation und stellten dieser die unverdorbenen orthodox christlichen Qualitäten des russischen Bauern gegenüber. Vor allem verwiesen sie auf die kollektive Organisation der traditionellen bäuerlichen Gemeinde (der *obschtschina*) als Beweis für die inhärente moralische und soziale Überlegenheit des russischen Volkes gegenüber dem Individualismus, dem Wettkampf und dem sozial spaltenden Egozentrismus von Europäern.

Man kann den Einfluß der Kontroverse zwischen Westlern und Slawophilen auf die spätere Geistes- und auch politische Geschichte Rußlands kaum übertreiben. Viele der späteren Dispute und Meinungsverschiedenheiten in der russischen Intelligenzia, zwischen verschiedenen Fraktionen, Denkschulen und politischen Parteien können als Auseinandersetzung zwischen denen analysiert werden, die eine nach ihrer Meinung nationale, logische und universelle Lösung für Rußlands Probleme suchten, und denen, die sich als mehr zu den Eigenheiten von Rußlands eigenen, besonderen kulturellen und sozialen Traditionen hingezogen bekannten. Tatsächlich lassen sich die Dichotomie und die Debatte noch immer in den politischen Konfrontationen innerhalb Rußlands im letzten Jahrzehnt des 20. Jahrhunderts wiederfinden.

3
Reform und Reaktion

Bauernbefreiung und Verwaltungsreform 1861-1881

Die Befreiung der Leibeigenen ist unterschiedlich als der »wichtigste einzelne Gesetzgebungsakt in der ganzen Geschichte Rußlands« beschrieben worden und als »das Papier nicht wert, auf dem sie geschrieben war«. Die Argumente über die Gründe für die Entscheidung der Regierung, diese Aufgabe anzupacken, brauchen uns hier nicht aufzuhalten. Wichtig sind die Bedingungen und Folgen der Regelung. Es lohnt jedoch festzuhalten, daß Alexander II. (1855-1881) die Leibeigenschaft nicht aus irgendeinem altruistischen Wunsch nach einer Verbesserung des Loses des russischen *narod* abschaffte. Furcht eher als Philanthropie zwang ihn, sich auf einen Prozeß einzulassen, der nach dem Debakel des Krim-Krieges als wesentlich für das wirtschaftliche und politische Überleben des Reichs erschien. Die Erinnerung an Pugatschows Horden kann nicht weit von Alexanders Sinn gewesen sein, als er 1856 erklärte, daß, wenn die Leibeigenschaft abgeschafft werden *müsse*, dann »ist es besser, daß sie von oben abgeschafft wird, statt zu warten, bis sie sich selbst von unten abschafft«.

Die wesentlichen Punkte der komplexen Gesetzgebung waren die folgenden: Zuerst erhielten die Leibeigenen ihre formale, gesetzliche Freiheit; d.h. sie waren nicht länger das private Eigentum ihrer Herren und waren frei zu handeln, zu heiraten, zu prozessieren und Eigentum zu erwerben. Zweitens, nach einer Periode »zeitweiliger Verpflichtung«, während derer sie weiterhin einige Pflichten erfüllten, die zu ihrem früheren Leibeigenen-Status gehörten, sollten sie beginnen, eine Reihe von »Entschädigungszahlungen« an die Regierung zu leisten für Land, das ihnen vom Grundbesitz ihres früheren Eigentümers zugewiesen worden war. Das hohe Niveau der Entschädigungsschulden, die mit 6 Prozent Zinsen über 49 Jahre zu zahlen waren, bedeutete, daß die Bauern für ihr Land einen Preis weit über seinem aktuellen Marktwert zu zahlen gezwungen wurden, und stellte eine versteckte Entschädigung an die *dworjanstwo* für die entgangenen Frondienste dar.

Ein weiteres Merkmal der Gesetzgebung war die Tatsache, daß die Bauern, obwohl nun befreit, weiterhin in ihrer Dorfgemeinde (*obschtschina*) organisiert und gesetzlich an diese gebunden waren. Die Freiheit und das Land, das sie bekamen, wurden ihnen nicht individuell gewährt, sondern auf kollektiver Basis. Die Gemeinde übte weitgehende Macht wirtschaftlicher und quasi-gerichtlicher Natur über ihre Mitglieder aus. Steuern, Entschädigungszahlungen und andere Gebühren wurden auf Gemeindeebene erhoben und bezahlt; in Gebieten, wo das Land periodisch unter den Bauern neu verteilt wurde und nicht vererblich war, war die *obschtschina* für die Neuverteilung der Flächen unter den einzelnen Haushalten in der Gemeinde verantwortlich; kein Bauer war frei, ohne die Erlaubnis der Dorfältesten die Gemeinde zu verlassen; und die Gemeinde war ermächtigt, ihre eigensinnigen Mitglieder in die sibirische Verbannung zu schikken. Bauern waren ferner körperlicher Züchtigung, militärischer Rekrutierung, Zahlung einer Kopfsteuer und anderen Pflichten unterworfen, von denen andere Klassen frei waren. Mit anderen Worten: Die Bauernschaft genoß nicht den gleichen Status wie die anderen Klassen der russischen Gesellschaft. Sie war eher eine getrennte »Kaste« mit ihren eigenen inneren Strukturen, Prozeduren, Gesetzen und ökonomischen Vorkehrungen. Darüber hinaus bedeutete die Beibehaltung der *obschtschina* als offizielle Institution, obwohl fest in der russischen Tradition verwurzelt, daß faktisch der Bauer nur die Knechtschaft gegenüber dem Sklavenbesitzer gegen die Knechtschaft unter der Gemeinde eingetauscht hatte. Mangel an Investitionskapital, periodische Landumverteilung, primitive landwirtschaftliche Methoden, erdrückende finanzielle Belastungen und Mobilitätshindernisse bedeuteten mit Sicherheit, daß der Agrarsektor der russischen Volkswirtschaft in den folgenden 40 Jahren mehr oder weniger stagnierte. Was den Massenprotest betrifft, blieb das flache Land während dieser Periode bemerkenswert ruhig, obwohl die offensichtlichen Ungleichheiten und wirtschaftlichen Härten, die den Bauern durch die Emanzipationsverordnungen auferlegt wurden, durch die Wiederkehr der Unruhen der Bauernmassen am Beginn des neuen Jahrhunderts blitzlichtartig beleuchtet wurden.

Nach der Aufhebung der grundherrlichen Rechte der Eigentümer über ihre früheren Leibeigenen war die Regierung logischerweise mit der Notwendigkeit konfrontiert, irgendeine neue Form lokaler Regierungsorganisation und gerichtlicher Prozeduren aufzubauen, um die alten feudalen Institutionen aus der Zeit der Leibeigenschaft zu ersetzen. Daher wurde ein Gesetz geschaffen, das von 1864 an neue Organe lokaler Selbstverwaltung auf dem Dorf etablierte - Dorfräte oder *Semstwa*. Diese wurden (auch) auf Distrikt- und Provinzebene eingerichtet und umfaßten drei »Elemente«: gewählte Räte; die ständigen, entlohnten Angestellten oder Beamten der *Semstwa*, und die Beschäftigten der Räte wie Schullehrer, Ärzte, Rechtsanwälte, Agronomen und andere technische Experten, die die tägliche Arbeit auf den Gebieten der öffentlichen Wohlfahrt ausführten, für die die *Semstwa* verantwortlich waren. Wesentliche administrative und finanzielle Beschränkungen bedeuteten jedoch, daß die Arbeit der *Semstwa* und ihrer städtischen Gegenstücke, der Stadträte, ernsthaft behindert oder unterminiert wurde. Die *Semstwa* waren außerdem in ihrer geographischen Verbreitung begrenzt: zur Zeit der Revolution von 1917 funktionierten sie nur in 43 der 70 Provinzen des Russischen Reiches. Das Wahlsystem ließ auch manches zu wünschen übrig. Das Wahlrecht war auf Eigentumskriterien begründet, die so hoch gesetzt waren, daß sie ein überwältigendes Übergewicht des landbesitzenden Adels und der sehr wohlhabenden städtischen Klassen in den *Semstwa* sicherten. Trotz einiger Bauernvertreter in den *Semstwa* lagen auch nach der Bauernbefreiung die Gemeindeangelegenheiten weitgehend in den Händen des lokalen Adels, obwohl diese jetzt zunehmend durch bürokratische und finanzielle Beschränkungen aus der Hauptstadt gebunden waren. Trotz dieser Mängel waren die *Semstwa* bemerkenswert erfolgreich in der Förderung von Wohlfahrt und öffentlicher Dienste in den Regionen, wo es sie gab. Sie waren auch ein Forum, wo die Menschen einige Erfahrungen in partizipatorischer Politik sammeln konnten, wenn auch eine auf örtlicher Ebene, und für die Intelligenzia dank ihrer professionellen Arbeit als »drittes Element« der *Semstwa* eine Gelegenheit, zu dienen und zugleich Erfahrung aus erster Hand über das Leben des russischen *narod* zu sammeln.

Die Justizverwaltung in Rußland vor der Bauernbefreiung war notorisch ineffizient, weit aufgebläht, korrupt und sozial diskriminierend. 1864 wurde ein neues Justizsystem eingeführt, das erstmalig in Rußland sich bemühte, einige westeuropäische Konzepte und Prinzipien der »Herrschaft des Gesetzes« mit aufzunehmen: Geschworenengericht; Gleichheit vor dem Gesetz; Unabsetzbarkeit und ordentliche Ausbildung der Richter; Einrichtung einer professionellen Verteidigung; öffentliche Prozeßberichte; und Trennung der Jurisdiktion von Legislative und Exekutive. Wie bei den *Semstwa*, war das neue Rechtssystem ein eindeutiger Fortschritt gegen die ungerechten und labyrinthischen Prozeduren, die es ersetzte. Ebenso war es jedoch nicht ohne seine Mängel. Zu den schreiendsten gehörte die Beibehaltung der örtlichen Bauerngerichte, die immer noch über die Macht zu körperlicher Bestrafung verfügten. Die Polizei hatte auch umfangreiche Vollmacht zu Verhaftung und Bestrafung ohne Gerichtsverfahren bei Personen, die als sozial oder politisch unerwünscht angesehen wurden. In Zeiten sozialer Unruhe wurde regelmäßig Kriegsrecht eingeführt, dieses hatte die Oberhand gegen zivile Gerichte und ermöglichte den Einsatz von körperlichen Strafen bis zur Todesstrafe bei der Unterdrückung von Massenunruhen. Ferner bedeutete Rußlands langjährige Tradition von Willkürherrschaft und Illegalität, daß Begriffe moderner Rechtsprechung nur sehr langsam in das offizielle Bewußtsein und das von Beamten und Volk eindrangen. Nichtsdestoweniger entsprach das reformierte Justizsystem trotz seiner Mängel weitgehend den Standards unparteiischer Rechtsprechung, und die Gerichte boten ein Forum und eine weitere Gelegenheit für die öffentliche Äußerung nicht-konformistischer und kritischer Meinungen. Viele Angehörige des neu entstandenen Juristenberufs spielten später eine führende Rolle in der Politik, die gegen die Regierung gerichtet war, und handelten als Puffer zwischen Volk und Staat.

Lokale Selbstverwaltung und Rechtsreform waren - abgesehen von der Bauernbefreiung - die wichtigsten einer ganzen Reihe administrativer und institutioneller Veränderungen, die während dieser Periode die meisten Lebensbereiche betrafen. Reformen im Erziehungswesen, Lockerung der Zensurbestimmungen, neue Entwicklungen in Finanzen, Handel und Verkehr und eine gründliche Überholung von Organisation, Ausbildung, Rekrutierung und Ausrüstung der russischen Armee waren alles Symptome, daß Rußland sich langsam von einer semifeudalen Gesellschaft zu etwas wandelte, was sich einer modernen kapitalistischen Gesellschaft annäherte. Die paradoxen Folgen dieses Prozesses sind oben diskutiert worden. Neben den neuen Institutionen überlebten Reste des alten Regimes - am deutlichsten natürlich die Autokratie - und der reformerische Zar weigerte sich resolut, auf jene fortschrittlich gesinnten Angehörigen des Adels zu hören, die ihn drängten, »seine Reformen mit einer Verfassung zu krönen«. Die Periode der »großen Reformen« war auch eine Ära wachsender, jedoch enttäuschter Erwartungen; angesichts der Weigerung der Regierung, die politische Struktur des Zarismus zu ändern, und der Enttäuschung über die Regelungen der Bauernbefreiung wurden immer mehr Angehörige der radikalen Intelligenzia von der Aussicht einer Volksrevolution angezogen als dem einzigen Mittel, durch das das russische Volk wirklich »Land und Freiheit« gewinnen könnte. Diese zwei Worte - Land und Freiheit (*Semlja i wolja*) - wurden später die Parole und der Schlachtruf der revolutionären russischen Bewegung der Volkstümler, die den wichtigsten Sammelpunkt der Opposition gegen die Politik des »Zar-Befreiers« bilden sollte.

Revolutionärer Volkswille, 1861-1881

Revolutionärer Volkswille - oder *narodnichestwo* - ist das Wort, mit dem die Theorien wie die praktischen Aktivitäten der militanten Intelligenzia Rußlands in den 1860er und 1870er Jahren beschrieben werden, die versuchten, dem Lande grundlegenden sozialen und politischen Wandel im Interesse des russischen *narod*, wie sie es begriffen, zu bringen. Wenn nötig, mußte der Wandel durch eine gewaltsame Revolution herbeigeführt werden. Welches immer ihre individuellen oder Gruppendifferenzen waren - und davon gab es viele - teilten die *narodniki* die gemeinsame Vision der Zerstörung der zaristischen sozialen und politischen Ordnung und deren Ersetzung durch eine agrarisch-sozialistische Gesellschaft, die auf den kollektivistischen Traditionen und Institutionen der russischen Bauerngemeinde basierte. Alle bestanden ferner darauf, daß ein rein russischer Pfad sozialer und ökonomischer Entwicklung begangen werden müsse, der die Fallgruben und Schrecken des westlichen Kapitalismus vermeiden würde. Die *obschtschina* - so glaubten sie - war eine Garantie, daß das erreichbar sei. Die *narodniki* widersetzten sich nicht der Industrialisierung an sich. Sie argumentierten jedoch, daß die kommunalen Prinzipien der bäuerlichen *obschtschina* und die Arbeitergenossenschaft beibehalten und auf die Organisation von Handel und Industrie übertragen werden sollten, ohne Rußland den Übeln von Ausbeutung, Proletarisierung und Pauperisierung auszusetzen, die Merkmale der kapitalistischen Produktionsweise seien.

Der Vater der russischen Volkstümler war Alexander Herzen (1812-1870). Desillusioniert von der europäischen bürgerlichen Tradition, nachdem er den Mißerfolg der Revolutionen von 1848 miterlebt hatte, begann dieser radikale Westler sich von einigen Ideen der Slawophilen inspirieren zu lassen und die Bauerngemeinde mit ihren Traditionen von Kollektivismus, gegenseitiger Verantwortung und Landumverteilung als den Embryo einer künftigen sozialistischen Gesellschaft in Rußland zu sehen. Seine Ideen waren noch ohne feste Gestalt und häufig der Modifikation unterworfen; aber sein Amalgam von westlichem Sozialismus und russischem Bauernkollektivismus repräsentiert sicher die erste Phase in der Geschichte der russischen Volkstümler. Die nächste Phase wurde von einem Menschen von völlig anderem Charakter beherrscht, Nikolai Tschernyschewski (1828-1889). Ein Mensch von mehr plebejischer Herkunft als der aristokratische Herzen, wurde Tschernyschewski der Hauptsprecher und Ideologe der neuen Generation der Intelligenzia nach dem Krim-Krieg, die aus jungen Männern und Frauen bestand, die dickköpfiger, materialistischer, ungeduldiger, kompromißloser und schließlich revolutionärer in ihren Perspektiven waren als die »Männer der vierziger Jahre«. In seinen eigenen Schriften zeigte er einen solideren, wissenschaftlicheren und leidenschaftsloseren Zugang als Herzen zu den wichtigen ökonomischen, sozialen und politischen Problemen des Tages. Er hatte keine Anleihe bei der idealisierten Vision der *obschtschina* der Slawophilen genommen und gründete seine Ansichten auf festerem historischen und ökonomischen Boden. Dennoch meinte Tschernyschewski, daß die Beibehaltung oder gar Erneuerung der Kommune die beste Garantie einer gerechteren Zukunft für das russische Volk sei. Auch ließ er sich nicht verführen zu denken, daß irgend etwas Gutes aus den Verhandlungen über die Bauernbefreiung herausspringen würde. Ein Artikel von 1859, der deutlich Tschernyschewskis damalige intellektuelle Position widerspiegelt, forderte die Leser auf, sich nicht von den scheinbar guten Absichten Alexanders II. beeindrucken zu lassen, und schlug vor, daß die Antwort auf die Probleme des Volkes buchstäblich in des Volkes eigenen Händen lägen: »Nur die Äxte der Bauern können uns retten. Nichts außer diesen Äxten ist irgendwie nützlich ... Ruft Rußland zu den Waffen!«

Aber erst in den Jahren unmittelbar nach der Bauernbefreiung gab es irgendwelche Formen praktischer revolutionärer Aktivität. Die unmittelbare Reaktion der befreiten Leibeigenen waren eine Mischung von Verwirrung, Zorn und Bestürzung, die sich in einer Vielzahl von Unruhen im ganzen Lande äußerte. Diese wurden schnell und brutal unterdrückt. Es ist jedoch bemerkenswert, wie schnell das flache Land sich nach dem anfänglichen Exzeß beruhigte und sich offenbar, wenn auch murrend, mit den neuen Anordnungen abfand. Auch die Intelligenzia begann, ihre Unzufriedenheit zu Gehör zu bringen. Die erste revolutionäre Organisation seit den Dekabristen - sie nannte sich selbst *Semlja i wolja* (»Land und Freiheit«) - entstand; ihre Anhängerschaft, Zusammensetzung, Mitgliedschaft, Absichten und Ziele sind noch immer unklar und sie verschwand bald ohne konkrete Leistungen. Das gleichzeitige Erscheinen und die Verbreitung zahlreicher politischer Flugblätter und Propagandaschriften von mehr oder minder aufreizender Art haben manche Beobachter veranlaßt, diese Jahre die »Ära der Manifeste« zu nennen. Eines von diesen ist besonders eines Kommentars wert. Es war betitelt *Molodaja Rossija*, »Junges Rußland«, und war von dem 19jährigen Studenten Peter Saitschnewski (1842-1896) geschrieben. Trotz des gewalttätigen Tons seiner recht jugendlichen Rhetorik entwarf *Molodaja Rossija* ein zusammenhängendes Programm sozialer und politischer Ziele zusammen mit einem ziemlich blutigen Szenario für eine revolutionäre Aktivität, welche die Abschlachtung der ganzen »kaiserlichen Partei« vorsah. Es identifizierte auch recht klar das Problem der Beziehung der revolutionären Intelligenzia zum *narod*, ein Problem, das Saitschnewski löste, indem er proklamierte, die revolutionären Massen müßten von einer disziplinierten, zentralisierten Parteiorganisation geführt werden, die zudem eine postrevolutionäre Diktatur errichten würde, um die Einführung der neuen sozialen und politischen Institutionen zu überwachen; zu diesen gehörte die *obschtschina*. Saitschnewski bestand auf einer überragenden Rolle für sie, was ihn eindeutig in die Volkstümler-Tradition stellt. Aber seine Befürwortung einer Führungselite für die Revolution macht sein Manifest zu einer der ersten Stimmen dieser Tendenz im russischen politischen Denken, die gewöhnlich als »Jakobinertum« bezeichnet wird: die Vorstellung, eine Volkserhebung müsse von einer zentralisierten revolutionären Avantgarde organisiert und geführt werden. Auf dieses Thema kommen wir später zurück.

Die blutige Unterdrückung der polnischen nationalen Erhebung 1863, das Verschwinden der *Semlja i wolja*, die Wiedereinkehr relativer Ruhe im Dorfe und die Verhaftung, Verurteilung und Verbannung von Tschernyschewski 1864 bezeichneten das Ende der Unruhen der Zeit unmittelbar nach der Bauernbefreiung. 1866 nahmen die Dinge eine andere Wendung. Dmitrj Karakozow (1840-1866), Mitglied einer kleinen, geheimen revolutionären Zelle in Moskau, beschloß, daß die Grundursache des Elends des Volkes der autokratische Staat sei - was in der Sprache des Volkes den Zaren meinte. Er übernahm es daher selbst, Alexander zu ermorden und versuchte, seine Absicht am 4. April 1866 auszuführen. Sein Schuß ging daneben, und Karakozow wurde verhaftet und später erhängt. Andere Mitglieder seiner Organisation wurden nach Sibirien verbannt, und es begann eine Periode intensiver polizeilicher Unterdrückung, die manchmal als der »Weiße Terror« erwähnt wird. Um nach der Karakozow-Affäre der Verhaftung und eventuellen Verbannung zu entgehen, flohen viele Angehörige der radikalen Intelligenzia in die Schweiz, wo sie ihr Studium fortsetzten und wo zwischen 1866 und 1874 die Ideologie der Volkstümler sich in divergierenden Richtungen entwickelte. Die drei wichtigeren Tendenzen waren mit den Theorien von Peter Lawrow (1823-1900), Michael Bakunin (1824-1876) und Peter Tkatschew (1844-1886) verbunden.

Lawrow glaubte, die Aufgabe der Intelligenzia sei es, sich in einem Programm der Erziehung, Vorbereitung und Propaganda zu engagieren, das schrittweise das Niveau des eigenen Bewußtseins und das des Volkes bis zu dem Punkt klären sollte, wo das Volk sich erheben, den Staat umstürzen und eine sozialistische Gesellschaft aufbauen würde. In seinen *Historischen Briefen* sprach er von der moralischen Schuld des »reuigen Adels« gegenüber dem russischen *narod* und von der Notwendigkeit, daß dieser seine Schuld wiedergutmache, indem er sich in den Dienst des Volkes stelle - aber nur, wenn dieser und das Volk dafür voll bereit seien. Bakunin andererseits glaubte leidenschaftlich, daß es nichts gebe, was die Intelligenzia den *narod* lehren könnte. »Das russische Volk«, so sagte er in einem berühmten Satz, »ist revolutionär vom Instinkt und sozialistisch von Natur.- Er bezog sich auf Pugatschows Geist und verspottete die Idee, daß es Aufgabe der Intelligenzia sei, das Volk zu indoktrinieren. Im Gegenteil, er setzte auf die spontane Erhebung der Bauern - den *bunt*. Wenn die Intelligenzia überhaupt eine Rolle hätte, dann war es einfach, den Bauern zu helfen, ihre getrennten Rebellionen zu einer gesamtstaatlichen Revolution zu koordinieren, die den zaristischen Staat zerstören und dem Volk die Möglichkeit geben würde, sich selbst in eine Föderation autonomer, selbstverwalteter Kommunen zu organisieren. »Wir dürfen nicht als Schulmeister des Volkes handeln«, so sagte er, »sondern wir müssen sie zur Revolte führen.« Das Volk zur Revolte zu führen, war auch ein zentraler Punkt in Tkatschews Philosophie. Anders als der anti-autoritäre, anarchistische Bakunin fand Tkatschew jedoch den am besten artikulierten Ausdruck dieses jakobinischen Volkstümlerdenkens in Saitschnewskis Manifest. Tkatschew ermahnte die Intelligenzia ungeduldig, sich für die revolutionäre Aktion zu organisieren und die Massen bei der Zerstörung der alten Ordnung und beim Aufbau der neuen zu führen. Manche Autoren haben behauptet, Tkatschews Nachdruck auf Disziplin, Führerschaft und Organisation lasse einige von Lenins Ansichten über Parteiorganisation und die Beziehung zwischen der revolutionären Partei und dem Proletariat vorausahnen - ein Thema, das im nächsten Kapitel diskutiert wird.

Im »verrückten Sommer« 1874 ereignete sich ein erstaunliches Phänomen. Ohne Führung, ohne Organisation und ohne Planung verließen Tausende junger Intellektueller, Männer und Frauen, ihre Heime, Universitäten und Arbeitsstellen und folgten *en masse* einer spontanen Bewegung, fast einem Kreuzzug, um die sozialistische Lehre überall auf dem flachen Lande in ganz Rußland zu verbreiten. Das war das berühmte »Unter das Volk gehen« (*khozdenie v narod*). Es gab kein unmittelbares Signal für die Bewegung. Sie repräsentierte eine merkwürdige Mischung halbverdauter sozialistischer Theorien (Lawrowscher und Bakuninscher), echter Sympathie für die Leiden der Bauernschaft und von jugendlichem Enthusiasmus, einer noblen Sache zu dienen, und war durch fast missionarisches Pflichtgefühl und Eifer gekennzeichnet. Die ganze Sache war ein trauriges Fiasko. Viele wurden von der starrköpfigen, konservativen und gleichgültigen Natur der Bauern selbst desillusioniert; andere wurden von Krankheiten niedergeworfen, die auf dem russischen Dorf endemisch sind; einige wurden von der örtlichen Polizei verhaftet; und viele wurden tatsächlich von den mißtrauischen Bauern festgehalten und den Behörden übergeben, weil sie »gegen Gott und den Zaren sprachen«. Hunderte wurden verhaftet und später in St. Petersburg und Moskau im öffentlichen Prozeß abgeurteilt. Die Intelligenzia war »zum Volk gegangen«; das Volk hatte sie zurückgeschickt. Nichts konnte klarer und tragischer die dauerhafte Kluft illustrieren, die Rußlands gebildete Klassen vom *narod* trennten.

Der Mißerfolg der »Bewegung zum Volk«, das Volk wirklich zu bewegen, zwang die Revolutionäre zu einer Neueinschätzung der Lage. Sie kehrten jetzt zu den Techniken von Organisation, konspirativer Planung und Untergrundaktivitäten zurück, die auf die »Desorganisation« des Staates abzielten. 1876 wurde eine zweite *Semlja i wolja*-Partei gegründet. Ihr Programm war in der Zielrichtung unverfälscht volkstümlerisch; aber ihre führenden Mitglieder begannen sich mehr und mehr auf die unmittelbaren politischen Taktiken zu orientieren und die breitere Strategie der Vorbereitung auf die soziale Revolution der Massen aus den Augen zu verlieren. Die Krise in der *Semlja i wolja* trieb wegen der spezifischen Frage des Terrors einem Höhepunkt zu. Eine Politik des aktiven Widerstands bei Verhaftung und der folgende Freischußwechsel mit Polizei- und Gefängnisbehörden hatte sich zu vorauseilenden Mordversuchen gegen Regierungs- und Polizeibeamte gesteigert. Angesichts der steigenden Welle terroristischer Gewalt hatte die Regierung Ausnahmezustand und Kriegsrecht eingeführt, und der fehlerhafte Kreislauf von Attentat, Hinrichtungen, Rache und Repressalien wurde intensiviert. Schließlich spaltete sich die Partei 1879 in zwei Fraktionen. Eine, *Cherny peredel* (»Schwarze Umverteilung«) genannt, widersetzte sich der Anwendung politischer Gewalt, weil sie kontraproduktiv sei, ein Verrat an den Prinzipien der Volkstümler und nicht zu den angestrebten Zielen der Revolution führen würde. Die andere, *Narodnaja wolja* (»Volkswille«) widmete sich der Fortsetzung der Terrorkampagne mit dem Argument, diese würde den Staat schwächen und das Entstehen einer revolutionären Situation beschleunigen. Am 26. August 1879 verurteilte das Exekutivkomitee der *Narodnaja wolja* feierlich Alexander II. zum Tode, und nach mehreren erfolglosen Versuchen wurde der »Zar-Befreier« schließlich am 1. März 1881 von einer Terroristenbombe zerrissen. Fünf Anführer der Verschwörung wurden verhaftet, verurteilt und öffentlich gehängt. Der Rest der radikalen Intelligenzia wurde durch Inhaftierung, Verbannung und Emigration dezimiert.

Es wäre ein Irrtum, die Hinrichtung der Königsmörder und den folgenden Zusammenbruch der *Narodnaja wolja* als das Ende der revolutionären Volkstümler in Rußland zu betrachten. Die anschließende Reaktion der Regierung und die wachsende Beschäftigung von immer mehr radikalen Intellektuellen mit den revolutionären Theorien von Karl Marx (1818-1883) bedeutete nicht, daß die Volkstümler-Tradition ausstarb. Die revolutionäre Philosophie von Marx basierte auf einem Studium der industriellen Geschichte und politischen Ökonomie der fortgeschrittenen kapitalistischen Gesellschaften Westeuropas, und viele glaubten weiterhin, daß seine auf einer Klassenanalyse begründeten Theorien von »bürgerlich-demokratischer« und »proletarisch-sozialistischer« Revolution auf das rückständige, agrarische, autokratische Rußland nicht anwendbar seien. Wie die frühen russischen Marxisten mit den theoretischen und praktischen Implikationen dieser Sachlage fertig wurden, wird in einem späteren Abschnitt dargelegt. Die Ermordung von Alexander II. im Jahre 1881 und die Gründung der ersten russischen marxistischen Gruppe 1883 markierten daher nicht das Ende und den Beginn zweier getrennter Kapitel in der Geschichte der revolutionären Bewegung. Russische Volkstümler und russische Marxisten waren, wie ein Schriftsteller meinte, »zwei verknotete Stränge«. Trotz des späteren politischen Triumphes der marxistischen bolschewistischen Partei 1917 sollte die Tradition der Volkstümler mit ihrem Glauben an den Wert der Kommune, die Sozialisierung des Bodens und die Notwendigkeit eines nichtkapitalistischen Entwicklungsweges eine mächtige und - vom Standpunkt der Regierung aus - gefährliche Kraft auf der russischen Bühne bis 1917 und darüber hinaus bleiben.

Reaktion und Industrialisierung 1881-1905

Es war keine Überraschung, daß die Reaktion des neuen Zaren auf die politisch dumme Ermordung seines Vaters hart war. Alexander III. (1881-1894) war von Natur bigott, autoritär, wild chauvinistisch, mißtrauisch gegen Intellektuelle und dazu antisemitisch. Die graue Eminenz hinter dem Thron war der Prokurator der heiligen Synode (der in der Regierung verantwortliche Minister für Kirchenfragen) Konstantin Pobedonostew (1827-1907), ein Mann, der eine extreme Erziehung mit einem an Paranoia grenzenden Haß auf alles verband, was von den Prinzipien autokratischer Regierung, orthodoxen Christentums und russischem Nationalismus abwich. Er wies die, die weiterhin von einer konstitutionellen Regierungsform in Rußland sprachen, als »Halbgebildete und pervertierte Affen« ab, und seine fanatische Religiosität und Ablehnung jedes Wandels setzten ihren Stempel auf die ganze Regierungszeit, eine Periode, die manchmal als »Ära der kleinlichen Taten« bezeichnet wurde.

Das erste Opfer des neuen Regimes war die falsch benannte Loris-Melikow-»Verfassung«. Kurz vor seinem Tode hatte Alexander II. seinen Innenminister, Graf Loris-Melikow (1825-1888), beauftragt, ein Vorhaben vorzubereiten, das - hätte er überlebt - zur Einberufung einer nationalen beratenden Versammlung hätte führen können, die die Vorbereitung von

Gesetzen hätte überlegen und beraten sollen. Kaum der Entwurf einer Verfassung, wurde das Projekt von dem neuen Kaiser sofort verworfen, der es als »kriminelles Dokument« bezeichnete. Loris-Melikow wurde entlassen. In einer Kampagne zur Säuberung des Landes von subversiven und »unzuverlässigen« Elementen gab der neue Innenminister der Polizei ausgedehnte neue Vollmachten zur Überwachung, Verhaftung und administrativen (d.h. nicht justiziellen) Verbannung. Ursprünglich eine zeitlich begrenzte Maßnahme, wurde das Statut über Maßnahmen zur Erhaltung von staatlicher Ordnung und öffentlichem Frieden (vom 14. August 1881) regelmäßig alle drei Jahre bis 1917 erneuert; und die Vollmachten waren so weitgehend, daß Rußland effektiv in einen Polizeistaat umgewandelt wurde. Lenin nannte die drakonische Gesetzgebung »die de facto Verfassung Rußlands«. Abgesehen davon, daß er Loris-Melikows Plan aufgab und willkürlich die Vollmachten der Polizei ausbaute, versuchte die Regierung Alexanders III. auch auf andere Weise, die Wirkungen der Reformen seines Vorgängers umzukehren oder wenigstens abzuschwächen. Immer mehr Verbrechensfälle wurden der Rechtsprechung der neuen Gerichte entzogen, indem man zunehmend auf Verwaltungsmaßnahmen und Sondertribunale zurückgriff, in denen die Fälle oft in camera behandelt wurden. Ebenso wurden die *Semstwa* neuer Gesetzgebung unterworfen, die ihre eher begrenzten Bereiche von Zuständigkeit und Unabhängigkeit drastisch beschnitten. Am wichtigsten aber: die Bildung eines neuen Korps zentral ernannter Regierungsbeamter mit weitreichenden Vollmachten über die Tätigkeit der *Semstwa* beseitigte mehr oder weniger die geringe Autorität, die sie hatten. Das bedeutete nicht, wie manchmal behauptet, die Wiederherstellung der Rechte der Grundbesitzer über die Bauernschaft, als vielmehr eine Verstärkung der Autorität der Zentralregierung über die örtlichen und regionalen Vertretungen insgesamt.

Es ist kaum überraschend, daß das Mißtrauen des Regimes gegen lokale und regionale Initiativen sich auf die nicht-russischen Völkerschaften und nicht-orthodoxen Religionen des Reiches erstreckte. Juden, polnische Katholiken, baltische Protestanten, zentralasiatische Muslime und russische Sektierer wurden alle in größerem oder geringerem Maße Opfer der verhaßten und schlecht geplanten Politik der »Russifizierung«. Eine ganze Reihe diskriminierender Gesetze zielte darauf, verschiedene Erscheinungen nicht-russischer nationaler Identität und nicht-orthodoxer religiöser Praktiken zu beseitigen. Sogar der Gebrauch der nationalen Sprachen - z.B. Polnisch in polnischen Schulen - wurde selektiv verboten und das Erlernen der russischen Sprache in einigen nicht-russischen Grenzländern zur Pflicht gemacht. Wie oben erwähnt, wurde die jüdische Gemeinschaft für eine besonders rachsüchtige Behandlung und rassistische Angriffe ausgewählt, die schließlich zum Entstehen einer *zionistischen* Bewegung führten, welche eine eigenständige jüdische Heimat suchte.

In Kunst und Geistesleben zeichnete sich die Regierung Alexanders III. nicht durch irgendwelche bemerkenswerten Leistungen aus; tatsächlich führte die Regierung strenge Zensurkontrollen ein, knebelte die Presse und verursachte die Einstellung vieler Zeitungen. In Schulen und Universitäten sorgte die Wiedereinführung des hierarchischen Prinzips dafür, daß den unteren Klassen der Gesellschaft ordentliche Bildungsmöglichkeiten verweigert blieben. Diese Politik war absichtlich darauf gerichtet - in den Worten eines berüchtigten Regierungsmemorandums - zu verhindern, daß die Kinder von Kutschern, Dienern, Köchen, Waschfrauen, Kleinhändlern und ähnlichen Personen sich Ideen außerhalb ihres Standes aneignen, die sie veranlassen könnten, die »natürliche und unvermeidliche Ungleichheit in den sozialen und ökonomischen Verhältnissen« in Frage zu stellen.

Wenn die allgemeine Atmosphäre der 1880er Jahre eine der Stagnation, der Mittelmäßigkeit und Unterdrückung war, gibt es einen Bereich, in dem etwas bescheidener Fortschritt erzielt wurde, der den Weg für die spektakuläreren Leistungen des folgenden Jahrzehnts ebnete - das ist die Entwicklung der Industrie. Obwohl die Bauernbefreiung weder das Kapital noch die Arbeitskräfte hervorgebracht hat, die für ein größeres Industrialisierungsprogramm notwendig sind, fanden dennoch zwischen 1861 und 1894 gewisse wichtige Entwicklungen statt, die die Infrastruktur für Rußlands folgende industrielle Revolution schufen. Der Schaffung von Banken, Aktiengesellschaften und anderen Finanzinstituten, zunehmendem Wachstum von Fabriken und Städten und größerer Mobilität der Arbeitenden entsprach ein ständiger industrieller Fortschritt. Die Erzeugung von Eisen, Stahl, Kohle und Erdöl stieg beträchtlich, und das Eisenbahnnetz dehnte sich von 1.500 km im Jahre 1861 auf 30.500 km 1890 aus. Ebenso verdoppelte sich die Industriearbeiterschaft von 1860 bis 1890 auf etwa 1,5 Millionen. Der größte Teil dieser Expansion war Ergebnis privater Unternehmungen - besonders im Eisenbahnbau. Die Ernennung von Sergej Witte (1849-1915) zum Finanzminister im Jahre 1893 markierte jedoch einen entscheidenden Wendepunkt in der industriellen Entwicklung Rußlands.

Zwar gab es viele Teile des sogenannten »Witte-Systems« bereits vor 1893; aber sein Enthusiasmus setzte ein Programm schneller industrieller Expansion durch, das nicht nur ökonomische, sondern auch tiefgreifende soziale und politische Konsequenzen hatte. Die herausragenden Merkmale des »Systems« waren die folgenden: die führende Rolle der Regierung in Planung und Finanzierung; Schwergewicht auf Kapitalgüterindustrien statt auf Konsum; Beschaffung der Investitionsmittel durch erhöhte Besteuerung der bereits überlasteten Bauernschaft; und Ermutigung massiver

Investition fremden Kapitals - besonders aus Frankreich, Belgien und England. Zentral für das Programm war der beachtliche Aufschwung im Eisenbahnbau - das spektakulärste Projekt war der Bau der 7.000 km langen Transsibirischen Eisenbahn, die die Eisenbahnnetze des europäischen Rußland mit der Pazifikküste verband. Die ungeheuren Anforderungen der Transsibirischen Eisenbahn an die metallurgischen Industrien und den Kohlebergbau spielten eine wichtige Rolle in dem gesamten Industrialisierungsprozeß; und die Vollendung des Baus um 1901 mit dem folgenden Ausfall von Regierungsaufträgen trug viel zu der ökonomischen Krise bei, die auf Wittes »Boom« folgte. Die Ausstoßzahlen in industriellen Schlüsselsektoren zwischen 1890 und 1900 illustrieren das Ausmaß des Aufstiegs: die Kohlenproduktion stieg von 367 Mio. *Pud* (1 Pud = 16,38 kg) auf 995 Mio., Eisenerz von 106 auf 367, Petroleum von 241 auf 632 Mio. Zwischen 1887 und 1897 stieg der Wert der Textilproduktion von 463 auf 946 Mio. Rubel. Diese hohe Wachstumsrate fiel mit einer starken Konzentration der Erzeugung in geographischen Schlüsselregionen - St. Petersburg, Moskau, Ukraine, die Ölfelder von Baku und des Ural - und einer hohen Konzentration von Arbeitern in sehr großen Industrieunternehmen zusammen. 1900 arbeitete fast die Hälfte der Industriearbeiter in Fabriken mit mehr als 1.000 Beschäftigten - für die damaligen europäischen Maßstäbe eine sehr hohe Konzentration. Die meisten Kommentatoren sind sich einig, daß die Lebens- und Arbeitsbedingungen allgemein erschreckend waren, lange Arbeitszeiten, niedrige Löhne, unzureichende Behausung und Sicherheitsvorkehrungen und ein Strafkodex von Arbeitsgesetzen, der den Bruch der industriellen Disziplin hart bestrafte. Gewerkschaften und politische Parteien waren natürlich verboten. Die relative Billigkeit der Arbeitskräfte in Rußland, die sehr profitablen Zinssätze und die anscheinend stabile politische Situation waren sehr attraktiv für ausländische Investoren.

Das schnelle Wachstum, die starke Konzentration und die gefährlichen und ungesunden Arbeitsbedingungen des Industrieproletariats schufen eine Lage, die offenbar zur Verbreitung der Unzufriedenheit der Massen führte, die sich bald in der Entstehung von Gruppensolidarität, Streikbewegungen, einem hoch entwickelten proletarischen Bewußtsein und zunehmender Empfänglichkeit für die Agitation und Propaganda revolutionärer Aktivisten ausdrückte. Unter diesen gab es immer mehr jene, die - angezogen von den Theorien von Karl Marx und Friedrich Engels - begonnen hatten, die Industriearbeiterklasse - viel mehr als die Bauernschaft - als die größere Kraft für einen revolutionären Wandel in Rußland zu sehen. Vor diesem Hintergrund fortgesetzter politischer Reaktion, industrieller Expansion und der Entwicklung kapitalistischer Verhältnisse sind die Ursprünge des russischen Marxismus zu suchen.

4
Rebellion und Verfassung

Ursprünge des russischen Marxismus

Die erste eigenständige russische marxistische revolutionäre Gruppe wurde 1883 in der Schweiz gegründet. Sie nannte sich selbst Gruppe »Befreiung der Arbeit« und bestand aus nur vier Personen, alle Ex-*narodniki*: Georgi Plechanow (1856-1918), Paul Axelrod (1850-1928), Leo Deutsch (1855-1941) und Vera Sassulitsch (1851-1919). Es wäre jedoch ein Irrtum anzunehmen, vor diesem Datum sei der Marxismus in Rußland unbekannt gewesen. Tatsächlich hatte die Vertrautheit mit der Marxschen Analyse der politischen Ökonomie des Industriekapitalismus in Europa viele *narodniki* veranlaßt, einen alternativen, russischen Weg zum Sozialismus zu suchen. Als jedoch der Glaube an das revolutionäre Potential der Bauernschaft zu schwinden begann, »konvertierten« immer mehr radikale Intellektuelle und später Industriearbeiter in Rußland zum Marxismus. Je mehr sich Kapitalismus und Industrialisierung entfalteten, nahmen sie schrittweise die Auffassung von Marx an, daß die Gesellschaft erst von der feudalen durch die kapitalistische Entwicklungsphase hindurch müsse, bevor das revolutionäre Proletariat die »bürgerliche« Regierung stürzen und einen sozialistischen Arbeiterstaat aufbauen könne. Es gab jedoch bei dieser Theorie in der Anwendung auf Rußland Probleme. Wie wir wissen, war Rußland ein autokratischer Staat ohne politische Freiheit, ohne ökonomisch mächtige, politisch bewußte Mittelklasse (Bourgeoisie) und mit einem kleinen, unentwickelten Proletariat. Daher erschien es zuerst unpassend, in Begriffen einer »bürgerlich-demokratischen«, geschweige denn einer »proletarisch-sozialistischen« Revolution in Rußland zu denken. Die sozialen und ökonomischen Veränderungen als Folge von Wittes Industrialisierung überzeugten die frühen russischen Marxisten, daß sie Recht hatten, daß der Kapitalismus den Feudalismus ersetzen und daß ebenso sicher die russische Arbeiterklasse den Kapitalismus vernichten würde.

Tatsächlich hatte Marx selbst die Volkstümler-Vorstellung nicht ausgeschlossen, daß die bäuerliche *obschtschina* als Ausgangspunkt für den Sozialismus in Rußland dienen könnte, und er hatte für einige Theoretiker der *narodniki*, besonders für Tschernyschewski, große persönliche Bewunderung. Die Mitglieder der Gruppe »Befreiung der Arbeit«, vor allem Plechanow, verwandten jedoch einen großen Teil ihrer theoretischen Fähigkeiten darauf, die Meinung der *narodniki* zurückzuweisen. Sie begründeten das damit, daß die *obschtschina* nicht das Modell für eine sozialistische Gesellschaft abgeben könne und daß die Entwicklung des Kapitalismus, die zu einer proletarisch-sozialistischen Revolution in Rußland führen werde, unausweichlich sei.

Als die russische Arbeiterschaft in den 1890er Jahren an Zahl und Stärke wuchs, entstanden immer mehr Arbeiterorganisationen, embryonale Gewerkschaften, marxistische Diskussionszirkel und andere Gruppen, die Agitation und Propaganda betrieben und halfen, Streiks in den wichtigeren Industriezentren zu organisieren. 1898 wurde ein Versuch unternommen, diese verschiedenen Zellen, regionalen Organisationen und Komitees zu einer vereinigten, revolutionären, marxistischen politischen Partei zu verschmelzen. In diesem Jahr fand der erste »Kongreß« der Sozialdemokratischen Arbeiterpartei Rußlands (SDAPR) statt, des Vorläufers der späteren Kommunistischen Partei der Sowjetunion. Auf dem Kongreß wurde jedoch nur sehr wenig erreicht (es waren nur 9 Delegierte zugegen), und die Führung der jugendlichen Partei wurde bald verhaftet und ins Gefängnis geworfen. Die »Partei« hatte daher keine formale Organisation, kein angenommenes Programm, keine richtige Mitgliedschaft oder zentrale Organe; sie existierte nur dem Namen nach. 1903 wurde ein zweiter Versuch unternommen, eine vereinte Partei zu schmieden; was jedoch tatsächlich geschah, war die schicksalhafte Spaltung der SDAPR in zwei wichtigere und schließlich unversöhnliche Fraktionen, bekannt als Menschewiki und Bolschewiki.

In der Zeit zwischen erstem und zweitem Kongreß begann ein junger marxistischer Intellektueller namens Wladimir Iljitsch Uljanow, besser bekannt unter seinem Pseudonym Lenin (1870-1924) eine entscheidende Rolle in der internen Geschichte der Partei zu spielen. Zur Zeit des Kongresses von 1898 lebte er in der Verbannung in Sibirien; dort wurde er zunehmend von gewissen Tendenzen in der sozialdemokratischen Bewegung in Rußland wie auch in Europa verstört. Zuerst war er durch die »revisionistischen« Theorien des deutschen Sozialdemokraten Eduard Bernstein alarmiert, der meinte, der Übergang zum Sozialismus könne ohne eine proletarische Revolution erreicht werden. Zweitens kritisierte Lenin jene in der russischen Sozialdemokratie, die behaupteten, die Partei solle die Aufmerksamkeit der Arbeiter auf den *ökonomischen* Kampf gegen den Kapitalismus als das Mittel zur Hebung des proletarischen politischen Bewußtseins konzentrieren. Lenin glaubte, diese Strömung des Ökonomismus würde die Arbeiter ermutigen, ein rein »gewerkschaftliches Bewußtsein« zu entwickeln und sie von der entscheidenden politischen Aufgabe - dem Sturz des Zarismus - ablenken. 1900 verließ er Sibirien, reiste nach Europa und gründete dort zusammen mit Plechanow und seinen Gefährten eine neue revolutionäre Untergrundzeitschrift *Iskra* (»Der Funke«). Durch deren Verbreitung beabsichtigte er, die »ökonomistische« Ketzerei zu bekämpfen und ein starkes organisatorisches Netzwerk der Partei aufzubauen. Seine Ansichten über Parteiorganisation entwickelte er weiter in seiner sehr wichtigen Streitschrift aus dem Jahre 1902 mit dem Titel *Was tun?* Darin machte er die Idee lächerlich, die Arbeiterklasse könne aus eigener Kraft spontan ein sozialistisches politisches Bewußtsein entwickeln, und behauptete, es sei die Aufgabe der Partei, »die Arbeiterbewegung von der unbewußten Tendenz des Trade-Unionismus abzubringen und sie statt dessen unter den Einfluß der Sozialdemokratie zu bringen«. Notwendig sei, so erklärte er, »eine Partei neuen Typs«, die nicht einfach den Arbeitern hinterherlaufen und ihre Interessen reflektieren würde, sondern die im Gegenteil »die Avantgarde des Proletariats« bilden würde. Vor allem Lenins kompromißlose Position zu Fragen von Parteiorganisation, Disziplin und Führung, in *Was tun?* dargelegt, war die Ursache der Spaltung in der Partei auf ihrem zweiten Kongreß 1903.

Es zeigte sich, daß einer der wichtigsten Punkte auf der Kongreß-Agenda die Frage der Kriterien für die Parteimitgliedschaft war. Lenins bisher engster Genosse Julius Martow (1873-1923) schlug vor, daß ein Parteimitglied erstens das Parteiprogramm anerkennen muß; zweitens die Partei finanziell unterstützen muß; und drittens bereit sein muß, unter der Anleitung einer Parteiorganisation zu arbeiten. Lenin stimmte den zwei ersten Prinzipien zu, widersprach aber dem dritten. Nach seiner Formulierung mußte ein Parteimitglied »*in* einer Parteiorganisation« arbeiten. Das war nur eine leichte Variation der Wortwahl; was nur als eine semantische Spitzfindigkeit erscheinen mochte, enthüllte jedoch zwei weit auseinandergehende Ansichten darüber, welcher Typ von Partei es sein sollte: die eine sah eine breite Partei sympathisierender Unterstützer vor, die bereit waren mit Parteiorganisationen »persönlich zusammenzuarbeiten«; die andere eine enge, disziplinierte Partei vollständig engagierter Aktivisten. Lenin verlor die Abstimmung. Bei einem späteren Tagesordnungspunkt, der auch die Frage von Parteiführung und Zentralisierung betraf, erhielt er eine knappe Mehrheit - vor allem wegen Enthaltungen seiner Gegner. Ausgestattet mit dieser gebrechlichen zahlenmäßigen Mehrheit nannte Lenin sofort seine Anhänger »Mehrheitler«. Das russische Wort für Mehrheit ist bolschinstwo - daher Bolschewiki. Seine von Martow geführten Gegner, obwohl sie faktisch der größere Teil in der Partei waren, wurden die Minderheitler oder Menschewiki genannt. Obwohl sie in diesem Augenblick technisch gesehen zwei Fraktionen einer einzigen Partei waren und trotz mehrerer späterer Versuche der Wiedervereinigung, erwies sich die Spaltung zwischen Menschewiki und Bolschewiki als dauerhaft und irreparabel.

Es ist jedoch voreilig, sich zu diesem Zeitpunkt der Parteigeschichte den Bolschewismus oder die marxistisch-leninistische Theorie als eine zusammenhängende und voll entwickelte Ideologie vorzustellen. In den folgenden Jahren antworteten Lenin wie auch die Menschewiki auf verschiedene Art auf verschiedene Umstände und Ereignisse, und viele Fragen taktischer, ideologischer, praktischer und auch finanzieller Natur trennten sie weiterhin. Die Lehren der Revolution von 1905; die Frage der Teilnahme oder Nichtteilnahme an den Wahlen zur Staatsduma; die Debatten, ob man das illegale Parteinetzwerk liquidieren sollte oder nicht, wenn politische Parteien nicht mehr illegal waren, und ob man die Praxis bewaffneter »Enteignungen« zur Sicherung der Parteifinanzen fortsetzen sollte oder nicht; und schließlich die Einstellung zu Rußlands Teilnahme am Ersten Weltkrieg: all dies waren höchst umstrittene und spaltende Probleme, die nicht nur die zwei Fraktionen getrennt hielten, sondern auch Unterfraktionen in den Fraktionen entstehen ließen. Es ist auch ein Irrtum zu denken, Lenin habe die Theorie und Praxis der Bolschewiki voll unter Kontrolle gehabt. Sicher genoß er große persönliche Autorität und einen unerschütterlichen Glauben an die Richtigkeit seiner eigenen Position. Er war jedoch weder allmächtig noch unfehlbar, und ganz sicher wurde er von seinen Kollegen nicht als der Partei»führer« im vollen Wortsinn angesehen. Jedenfalls verbrachte er die Jahre vor 1917 - abgesehen von einer kurzen Periode der Rückkehr nach Rußland 1905 - meist im Ausland und war daher von der täglichen Organisationsarbeit der Parteiarbeiter vor Ort in russischen Städten und Fabriken abgeschnitten. Die ganze Zeit bis zur Oktoberrevolution 1917 - und danach - mußte Lenin ständig argumentieren, überzeugen, schmeicheln oder auch drohen, um seine Position durchzusetzen oder eine These zu verteidigen. Erst nach seinem Tode 1924 wurde der Leninismus etwas, was der Heiligen Schrift nahekam. Trotz seiner anfangs formlosen und embryonalen Natur war jedoch der Bolschewismus geboren. Die welterschütternden Implikationen seiner obskuren Geburt mußten erst noch begriffen werden.

1905

Die politische Atmosphäre in Rußland zur Zeit des zweiten Kongresses der SDAPR war sehr gespannt. Die Sozialdemokraten waren nicht die einzige Partei, die versuchte, sich zu organisieren. Im Jahre 1900 wurde die Sozialrevolutionäre Partei (SR) in Charkow in der Ukraine gegründet, die man als Neo-*narodniki* bezeichnen kann. Ihr Programm spiegelte die Aspirationen der früheren *narodniki* wider, einschließlich sozialer Revolution, Landumverteilung und Erhaltung der Bauernkommune. Sie teilte auch den Glauben der *Narodnaja wolja* an die Wirksamkeit des politischen Terrors, und die »kämpfenden Rotten« der Partei begannen eine Welle spektakulärer politischer Attentate, zu deren Opfern zwei Innenminister und ein Premierminister gehörten. Die politische Gegnerschaft gegen die Autokratie war jedoch nicht das Monopol der extremen Linken. Beim Regierungsantritt von Nikolaus II. (Regierung 1894-1917) begannen Vertreter der *Semstwa*, ihre Forderungen nach einer Verfassung zu erneuern. Der neue Zar wies sie als »sinnlose Träume« zurück; aber um die Jahrhundertwende versuchten *Semstwa*-Politiker und Angehörige gewisser Berufsorganisationen, Rußlands entstehender liberaler Bewegung eine organisatorische Form zu geben durch die Gründung des Befreiungsbunds, einer Körperschaft, die revolutionäre Handlungen ablehnte, aber das Ende autokratischer Regierung und Schaffung einer konstitutionellen Demokratie auf Grundlage repräsentativer Institutionen und der Herrschaft des Rechts forderte.

Nach vier Jahrzehnten relativer Ruhe begann das schlafende russische Dorf sich wieder zu rühren und brach in eine Reihe gewaltsamer Aufstände aus (1901-1907), deren Ursprünge in den Ungerechtigkeiten der Bauernbefreiung zu suchen waren. Das wurde als die Jahre des »roten Hahns« angesehen - ein Bild, das benutzt wurde, um den regelmäßigen Anblick brennender Herrenhäuser zu symbolisieren, die von der grollenden und wiedererwachten Bauernschaft in Brand gesteckt wurden. Die Streikbewegung setzte sich in den Fabriken fort; die Beschwerden der Arbeiter wurden jetzt von der wirtschaftlichen Depression verstärkt, die dem Witte-Boom folgte. Im Fernen Osten war ein Krieg zwischen Rußland und Japan ausgebrochen. Nach einem kurzen Ausbruch patriotischer Begeisterung wurde der Krieg unpopulär, seine Motive wurden mißverstanden, und die militärischen Fehler zur See und zu Lande, die die Kriegsführung begleiteten, stimulierten die regierungsfeindlichen Gefühle zusätzlich. All das stellte eine flüchtige Mischung dar, die nur eines Funkens bedurfte, um zu explodieren. Bezeichnenderweise wurde dieser von den St. Petersburger Arbeitern geliefert. Am Sonntag, den 9. Januar 1905, endete ein friedlicher

Protestmarsch streikender Fabrikarbeiter und ihrer Familien in einem blutigen Massaker. Die Demonstranten, von einem Priester geführt, hatten geplant, dem Zaren eine untertänige Petition zu übergeben, die ihre Beschwerden aufzählte; statt dessen begegnete man ihnen mit einem Kugelhagel und einer Attacke berittener Kosaken. Hunderte starben, und die Schlächterei des »Blutigen Sonntags« erschütterte die Welt. Der Umschlag nach der Schlächterei erfaßte bald das ganze Volk, und es gab verbreitete Manifestationen der Trauer des Volkes, der Empörung und Wut gegen den schuldigen Zaren. Nicht nur die Fabrikarbeiter, sondern auch die Mittelklassen, Berufsorganisationen, Intellektuelle und die ganze russische Gesellschaft gerieten in Wut. Typischerweise tat der Zar nichts, bis die Ermordung seines Onkels, des Großfürsten Sergej im Februar ihn schließlich veranlaßte, ein Dekret zu erlassen, das die Wahl einer beratenden Versammlung erlaubte. Die Ankündigung war sehr ungenügend als Antwort auf die Volksstimmung und diente nur dazu, Liberale und Revolutionäre anzuspornen, ihre Aktivitäten zu verstärken und ihre Forderungen auszuweiten. Allgemeines Stimmrecht, eine verfassungsgebende Versammlung mit vollen Gesetzgebungsrechten und die Einführung von der Verfassung garantierter bürgerlicher Freiheiten - das war nur das Minimalprogramm. Die Unruhen erfaßten die Dörfer und - bedrohlich - die Streitkräfte. Meutereien flammten in Armee und Flotte auf und stellten nun ernsthaft die automatische Loyalität des Militärs gegenüber dem Regime in Frage. Neuere Forschung hat gezeigt, daß die politische Unzufriedenheit der russischen Armee 1905 viel weiter verbreitet war, als traditionell angenommen wurde - und eine ominöse Vorbedeutung für die Ereignisse von 1917 hatte.

Der Erlaß eines Manifests im August mit Details über die Versammlung, die im Februar versprochen worden war, wurde von einer russischen Öffentlichkeit ignoriert, deren Stimmung und Erwartungen sich seit dem Gemetzel des Blutigen Sonntags radikal geändert hatten. Gegen Ende September breitete sich bald eine neue Welle industrieller Unruhen von den Moskauer Eisenbahnarbeitern auf andere Sektoren der Wirtschaft aus, lähmte den Verkehr und brachte sehr schnell die Verwaltung des ganzen Landes zum Stillstand. Das hilflose Regime war nun im Griff von Rußlands erstem politischen Generalstreik, der machtvollsten Waffe im Arsenal des zivilen Ungehorsams.

Es gab jedoch keine organisierte Führung, keinen zentral koordinierten Aktionsplan, keine allgemein akzeptierte Programmreform hinter der Bewegung. Der große Oktoberstreik war ein spontaner Ausdruck der aufgestauten Frustration des ganzen Volkes über den Starrsinn eines intellektuell und verwaltungsmäßig bankrotten Regimes. Ein äußerst wichtiges Nebenprodukt des Generalstreiks war die Bildung eines demokratisch gewählten Arbeiter-»Parlaments«, das die Interessen der streikenden Arbeiter der Hauptstadt vertrat und das die Unterstützung der meisten revolutionären Parteien genoß. Das war der kurzlebige St. Petersburger *Sowjet* (»Rat«) der Arbeiterdeputierten, eine Institution, dazu bestimmt, eine entscheidende Rolle in Rußlands späterer Geschichte zu spielen und dem politischen Vokabular der Welt ein neues Wort hinzuzufügen. Das Erscheinen seines ersten Nachrichtenblattes, genannt *Iswestija* (»Nachrichten«) am 17. Oktober fiel mit der Verkündung eines neuen kaiserlichen Dekrets zusammen, das versprach, die oben erwähnten erhöhten Forderungen nach politischer Reform zu erfüllen. Das Oktobermanifest sicherte volle bürgerliche Freiheiten zu, erweiterte das Wahlrecht und ordnete sofortige Wahlen zu einer Staatsduma an. Es schien ein Triumph der Kräfte demokratischen Wandels zu sein. Der Zar persönlich war nicht enthusiastisch, die revolutionären Parteien behandelten das Dekret mit Skepsis; aber eine wesentliche Konzession war gemacht.

Die Konzession war jedoch durch eine neue Entschlossenheit der Regierung »temperiert«, die andauernden Aufstände zu unterdrücken und das Land endgültig zur Kapitulation zu zwingen. Strafexpeditionen prügelten die Bauernschaft in die Unterwerfung; Streiks wurden mit Aussperrungen beantwortet; Banden ultra-nationalistischer Schläger, die Schwarzhunderter, verprügelten Studenten, Streikende und Juden; und am 3. Dezember wurden die Mitglieder des Sowjets von St. Petersburg verhaftet, später verurteilt, eingesperrt und verbannt. Die sogenannten »Tage der Freiheit« waren vorbei. Aber ein letzter gewalttätiger Akt in der Tragödie von 1905 mußte noch zu Ende gespielt werden. Im Dezember wurde ein bewaffneter Aufstand Moskauer Arbeiter nach Wochen mörderischen Krieges in der Stadt und einem zerstörerischen Artillerie-Bombardement der Arbeiter-Wohnungen und der Fabriken brutal unterdrückt. Hunderte starben in den Kämpfen und viele mehr wurden nach oberflächlichen Standgerichten auf der Straße summarisch erschossen. Die Unterdrückung des Moskauer Aufstandes markierte das Ende der unmittelbar revolutionären Situation, obwohl der Frieden noch für zwei weitere Jahre nicht ins Dorf zurückkehrte. Die Erschütterungen von 1905 können jedoch nicht als eine Revolution im vollen Sinn des Begriffs angesehen werden. Sie brachten keine wirkliche Übertragung der politischen Macht, die immer noch in den Händen eines kleinmütigen Herrschers und seiner persönlich ausgewählten Minister verblieb; es gab keine Umverteilung von Reichtum oder Besitz; die Gesellschaft wurde nicht umstrukturiert; und die Macht von Bürokratie, Militär und Polizei blieb unverändert. Die revolutionären Parteien waren verwirrt und unsicher, wie sie in den ungewohnten Bedingungen der Duma-Politik operieren sollten. Ihre Führer waren entweder im Gefängnis, im Exil oder im Ausland und waren jedenfalls in scharfe Dispute über Doktrin und Organisation verstrickt. Daher beschrieb Lenin die Ereignisse von 1905 nicht als eine Revolution, sondern eine »Kostümprobe für die Revolution«. Nachdem die Probe vorbei war, war die Bühne jetzt frei für das Drama von 1917.

»Konstitutionelle« Politik 1906-1916

Nachdem das kaiserliche Regime seine erste Konfrontation mit den revolutionären Massen seit der Pugatschow-Revolte überlebt hatte, trat es zwischen 1905 und 1917 in eine Periode schwierigen und zweideutigen Experimentierens mit quasi-verfassungsmäßigen Politikern. Artikel 4 des neuen Grundgesetzes, veröffentlicht am 23. April 1906, stellte fest, daß die »höchste automatische Macht dem Kaiser von ganz Rußland zusteht«, und Artikel 9, daß »kein Gesetz ohne seine Zustimmung angenommen werden kann«. Der souveräne Kaiser hatte auch die Außenpolitik, die Streitkräfte und alle Ernennungen in der Regierung ganz unter sich. Während so die Macht der Autokratie intakt blieb, wurden zwei Institutionen errichtet, der Staatsrat und die Staatsduma, die darauf abzielten, eine Teilnahme der Öffentlichkeit an den Planungs- und Gesetzgebungsprozessen der politischen Tätigkeit auf Regierungsebene zuzulassen. Die Duma bestand aus ungefähr 500 gewählten Abgeordneten aus allen Klassen der russischen Gesellschaft, und der Staatsrat (eine Art »Oberhaus«) aus je zur Hälfte gewählten und ernannten Vertretern der wichtigeren sozialen, religiösen, Erziehungs- und Finanzinstitutionen.

Die gerade legalisierten politischen Parteien, die berechtigt waren, Kandidaten für die Duma-Wahlen aufzustellen, deckten das ganze politische Spektrum ab von den Bolschewiki, Menschewiki und SR auf der Linken bis zur rechtsextremen, protofaschistischen und antisemitischen Union des russischen Volkes. In der Mitte war die wichtigere liberale Partei die Konstitutionell-Demokratische Partei (Kadetten) und leicht rechts von dieser die Union des 17. Oktober (Oktobristen), eine gemäßigt konservative Partei, deren Programm auf dem Manifest vom Oktober 1905 beruhte. Die Sozialdemokraten und die Sozialrevolutionäre boykottierten die Wahlen zur ersten Duma, deren Zusammensetzung folglich von den Kadetten und einer radikal-liberalen Koalition dominiert war, genannt die Gruppe der Arbeit (*Trudowiki*). Über 200 Abgeordnete waren Bauern, die jedoch nicht den loyalen Konservatismus zeigten, den die Regierung von ihnen erwartet hatte. Die extreme Rechte gewann kein einziges Mandat. Trotz der Abwesenheit der Sozialisten erwiesen sich die Beratungen der ersten Duma als viel zu radikal im Tone und regierungsfeindlich in ihrer Richtung für den Geschmack des Zaren und seines reaktionären Premierministers Goremykin. Daher wurde sie nach nur 10 Wochen ihres Bestehens (27. April - 8. Juli 1906) aufgelöst und im Februar 1907 eine zweite Duma einberufen. Diese war eine viel stärker polarisierte Versammlung als die erste. Die Kadetten verloren an Boden, während die Aufhebung des Sozialisten-Boykotts die Vertretung des linken Flügels verstärkte. Die Rechte verzeichnete gleichfalls einige Gewinne. Auch dieses Mal fanden es jedoch die Regierung des Zaren und das Volksparlament unmöglich, zusammenzuarbeiten, und für die Auflösung der zweiten Duma wurde im Juni 1907 ein Vorwand gefunden. In diesem Moment änderte der neue, harte Premierminister Peter Stolypin (1862-1911) - in flagranter Verletzung der Grundgesetze - die Wahlverfahren, indem er das Wahlrecht zugunsten des grundbesitzenden Adels und der vermögenden städtischen Klassen auf Kosten der Bauern und Arbeiter änderte. Diese willkürliche und diktatorische Handlung sicherte, daß die dritte Duma bei ihrem Zusammentritt ein völlig anderes politisches Gesicht zeigte als ihre Vorgängerinnen. Die Oktobristen, die in der ersten Duma nur 17 Abgeordnete hatten, hatten jetzt 154. Die äußerste Rechte erhöhte ihren Anteil gleichfalls und die Sozialdemokraten und die *Trudowiki* wurden auf einen Rest reduziert. Daher erwies sich die dritte Duma als ein viel konservativeres und gefügigeres Parlament, auf das man sich mehr oder weniger verlassen konnte, daß es die Regierungspolitik kritiklos billigen und die wenigen radikalen Elemente, die in seiner Mitte verblieben waren, unterdrücken würde. Jedoch wurde auch diese Duma gelegentlich und vorübergehend suspendiert, während die Regierung eine neue Gesetzgebung per Dekret durchsetzte. Die Tatsache, daß die Deputierten nach der Suspension ihre Sitze demütig wieder einnahmen, zeigt ihre Anpassungsfähigkeit - ein Faktor, der das Überleben der dritten Duma über die ganze vorgesehene Fünfjahresspanne (1907-1912) sicherte.

Das Leben der dritten Duma fiel in etwa mit der Ministerpräsidentschaft von Stolypin zusammen, einem Mann, dessen unanfechtbar loyalistische Sympathien sich mit einem starken Engagement für die Notwendigkeit einer Agrarreform verbanden. Die Erschütterungen im russischen Dorf zwischen 1901 und 1907 überzeugten Stolypin, daß fast ein halbes Jahrhundert nach der Bauernbefreiung die bäuerliche Landfrage immer noch eines der dringendsten Probleme war, das die Regierung zu lösen hatte. Wir brauchen uns nicht mit den Details seiner Gesetzgebung zu befassen. Ihr zentrales Merkmal war ein Versuch zu brechen, was Stolypin als die tödliche Fessel der Bauernkommune für die landwirtschaftliche Produktivität ansah. Entsprechend genehmigte Stolypin die Zusammenlegung der zersplitterten Flurstücke, hob die Zwangsallmende auf und ermutigte die Schaffung von Betrieben in Privateigentum, die aus dem Kollektivland der Gemeinde »herausgeschnitten« wurden. Das beschrieb er selbst als ein absichtliches »Setzen auf die Kräftigen und die Starken«. Die Entschädigungszahlungen (an die Gutsbesitzer, die die Bauern seit 1861 hatten leisten müssen) wurden aufgehoben, der gesetzliche Status der Bauern verbessert und Unterstützungen wurden gewährt, um die schon wachsende Wanderungsbewegung von Bauern aus dem europäischen Rußland in die fruchtbaren Agrarflächen im Westen und Süden Sibiriens zu ermutigen. Es ist schwierig, den Erfolg von Stolypins Reform zu messen. Die gesetzlichen, bürokratischen und finanziellen Schwierigkeiten behinderten sie von Anbeginn, und es ist unmöglich zu berechnen, was die möglichen langfristigen Effekte gewesen wären, hätten nicht tiefgreifendere Umwälzungen die ganze Landfrage 1917 erneut in den Schmelztiegel geworfen. Stolypins »Setzen auf die Starken« hat sicher einige der reicheren Bauern (die sogenannten Kulaken) begünstigt, bedeutete aber wenig, wenn es darum ging, die Not der ärmeren Bauern zu erleichtern, die noch immer an Landmangel litten. Das verschärfte die ökonomischen Unterschiede innerhalb der Bauernklasse; die Reichen wurden reicher und die Armen ärmer. Die Hauptschwäche war jedoch Stolypins Unvermögen, das Agrarproblem als ganzes anzugehen. Seine Gesetzgebung befaßte sich nur mit dem Bauernland und unternahm nichts, was die Eigentumsinteressen oder die privaten Güter der Gutsbesitzer angerührt hätte. Das war ein Problem, das die Bauern selbst durch direkte Aktion in den Unruhen von 1917 anpacken würden.

Die Wahlen zur vierten und letzten Duma ergaben eine noch konservativere Zusammensetzung als in der dritten; die Oktobristen verloren Stimmen an die nationalistischen, extremeren Parteien der Rechten. Während der Lebenszeit dieser Duma gab es jedoch gewisse Entwicklungen, die eine Kluft nicht nur zwischen Regierung und Duma auftaten, sondern auch zwischen der Regierung und der Gesellschaft in ihrer Gesamtheit. 1911 wurde Stolypin von einem sozialrevolutionären Attentäter ermordet (der zugleich Polizeiagent war). Im nächsten Jahr weckte das Massaker an 200 streikenden Arbeitern in den Goldfeldern der Lena in Ostsibirien allgemeine Empörung und provozierte einen neuen Ausbruch politisch motivierter Unruhen in der Industrie, deren Intensität in den folgenden zwei Jahren zunahm. 1912 war auch das Jahr, in dem man begann, die persönliche Begünstigung von Zar und Zarin für ihren bizarren »Freund« Grigori Rasputin (1871-1916) zu spüren. Rasputin war nicht, wie er oft beschrieben wird, ein »verrückter Mönch«, sondern Mitglied einer extremen religiösen Sekte von Geißlern in Sibirien, die als die *khlysty* bekannt sind. Er war zudem unkeusch, ein Säufer und Wüstling, der jedoch der Salonlöwe gewisser Teile der St. Petersburger Gesellschaft, besonders der Damen war. Die kaiserliche Familie betrachtete ihn aber als einen heiligen »Mann aus dem Volke«, von Gott gesandt, die Dynastie durch seine anscheinend wunderbare Fähigkeit zu retten, die hämophile Bluterkrankheit ihres Thronerben, des jungen Zarewitschs Alexis, zu heilen. Wegen seiner hypnotischen Heilungskräfte hatte er einen mächtigen Einfluß auf den Zaren und war so in der Lage - als Gegenleistung für sexuelle Vergünstigungen, die ambitionierte Politiker ihm besorgten - die Wahl der Regierungsmitglieder durch den Kaiser zu beeinflussen.

Wahrscheinlich stimmen die Behauptungen über sexuelle Beziehungen mit der Zarin nicht; aber sein zügelloses Benehmen in der Öffentlichkeit und seine Vertraulichkeit mit der kaiserlichen Familie hatten das Ergebnis, den Hof und mit diesem die Regierung in allgemeinen Mißkredit zu bringen. Obwohl natürlich nicht alle Minister der Krone Rasputins Vorschläge waren, wurden sie in schneller Folge geheuert und gefeuert in einem Spiel »ministerieller Bocksprünge«, wie das genannt wurde. Zwischen 1912 und 1916 hatte Rußland vier Premierminister, vier Justizminister, vier Erziehungsminister, vier Prokuratoren der Heiligen Synode und nicht weniger als sechs Innenminister, alle - in den Worten von Professor Florinsky - nicht »Kiesel, sondern Meilensteine auf dem Weg, der die Monarchie in den Ruin führte«. Schließlich wurde Rasputin von Prinz Felix Jusupow, einem Mitglied der kaiserlichen Familie, im Dezember 1916 vergiftet und erschossen. Zwei Monate später brach die Autokratie zusammen. Der Skandal um den Namen Rasputin war jedoch nur ein Symptom, nicht eine Ursache der akuten Malaise, die sich um ein inkompetentes und unpopuläres Regime rankte, das jetzt in einen zerstörerischen internationalen Krieg verstrickt war.

5
Krieg und Revolution

Rußland im Krieg (1914 bis Februar 1917)

Die Natur des Zusammenhangs zwischen Rußlands Teilnahme am Ersten Weltkrieg und der Revolution 1917 ist ein Thema, das von Historikern, seit diese Ereignisse stattgefunden haben, ständig hin- und herüberlegt worden ist. Vereinfacht läßt sich die Frage auf folgendes verkürzen: Hat die militärische Lage die innere Krise erzeugt, die den Zusammenbruch des Zarismus herbeigeführt hat; oder waren die Spannungen und Widersprüche innerhalb des sozialen und politischen Systems schon von einer so hartnäckigen Natur, daß die Revolution in jedem Fall unvermeidbar war? Denen, die behaupten, daß der Krieg die Revolution verursachte - oder jedenfalls beschleunigte - kann entgegengehalten werden, daß die innenpolitische Lage vor dem August 1914 bereits den kritischen Punkt erreicht hatte. Die weitverbreiteten industriellen Unruhen nach den Erschießungen in den Goldfeldern an der Lena, die sich verschlechternden Beziehungen zwischen Regierung und Duma, die politische Unzufriedenheit der Mittelklassen, die Nachbeben der Rasputin-Affäre und die ungelösten Agrarprobleme - all das legte nahe, daß Staat und Gesellschaft einmal mehr in irgendeine Art dramatischer Konfrontation hineinglitten. Die Kriegserklärung zwischen Rußland und Deutschland erleichterte jedoch vorübergehend die Lage, da eine Woge von primitivem Patriotismus über das Land hinwegging, die Zar, Regierung und Gesellschaft trieb, sich schnell in der Verteidigung von Mutter Rußland zu vereinigen. Nur die Sozialdemokraten, und auch nicht alle, widersetzten sich dem »imperialistischen« Krieg - eine Lage, aus der die Bolschewiki Gewinn ziehen sollten, als die Volksstimmung später von einem optimistischen und aggressiven Nationalismus zu Kriegsmüdigkeit und einer Sehnsucht nach Rußlands einseitigem Rückzug (aus seinem Bündnis) umschlug.

Rußlands erdrückende Niederlage in der Schlacht von Tannenberg im August 1914 setzte den Rahmen für die späteren Feindseligkeiten; jedoch beschäftigen uns hier direkt eher die Nachwirkungen des Konflikts an der inneren Front als die militärischen Operationen. Ökonomisch waren die Wirkungen des Krieges weitreichend. Industrien, die Kriegsmaterial erzeugten, blühten deutlich auf. Riesige Vermögen wurden mit Regierungsaufträgen für Kanonen, Kugeln und Uniformen gemacht. Als klar wurde, daß der Krieg nicht schnell vorbei sein würde, wurden mehr und mehr Unternehmen auf militärische und paramilitärische Produktion umgestellt. Andererseits sank die Erzeugung von Konsumgütern schnell, was entsprechende Härten für die Zivilbevölkerung zur Folge hatte. Auch wesentliche landwirtschaftliche Ausrüstung war knapp. Diese Schwierigkeiten wurden durch Transportprobleme verschärft. Das meiste rollende Eisenbahnmaterial wurde requiriert, um Menschen und Munition an die Front zu bringen, so daß wenig übrig blieb, um dringend benötigte Lebensmittel aus den Getreidegebieten in die Städte zu bringen. Knappheiten waren die Folge; die Arbeiter waren hungrig, und Brotschlangen wurden eine alltägliche Erscheinung. Unterversorgung bei wichtigen Rohstoffen bedeutete auch, daß die Industrie 1915-1916 in eine Krise geriet, die teilweise durch die Schaffung von Kriegsindustriekomitees überwunden wurde, eine freiwillige Organisation von Geschäftsleuten, Duma-Politikern und Arbeiterkomitees, die die Produktion koordinierten und in gewissem Ausmaß die immer deutlicher werdende Unfähigkeit der Regierung ausglichen, mit den wirtschaftlichen Spannungen des totalen Krieges fertig zu werden.

Finanziell steuerte das Land auf die Katastrophe zu. Seeblockaden in der Ostsee und dem Schwarzen Meer schnitten Rußlands Außenhandel wirksam ab. Überlandhandel über Osteuropa war offensichtlich unmöglich. Polen und große Teile des westlichen Rußland waren von fremden Truppen besetzt, wodurch nicht nur industrielle Ressourcen verloren gingen, sondern auch eine steuerzahlende Bevölkerung. Weiterer selbstverursachter Schaden für die Staatskasse ergab sich aus dem frühen Verbot des Alkoholverkaufs. Der Wodka-Verkauf war eine lukrative Quelle der Staatseinnahmen, die jetzt im wörtlichen Sinne austrocknete (ohne daß die russischen Bauern aufhörten, ihren eigenen, selbstgebrauten und oft tödlichen Schnaps zu trinken). Während die Staatseinnahmen sanken, stiegen die Ausgaben gewaltig. Die direkten Kriegskosten sprangen von etwa 1.500 Millionen Rubel 1914 auf 14.500 Millionen 1916. Der Ausweg der Regierung waren große Auslandskredite und der Druck von mehr Papier-Rubeln, was zu einer galoppierenden Inflation führte. Die Massenmobilisierung von 15 Millionen Wehrpflichtigen zwischen 1914 und 1917 hatte ebenfalls deutliche Rückwirkungen auf die Volkswirtschaft. Auf dem übervölkerten flachen Lande bedeutete der Abzug von so vielen überflüssigen Arbeitskräften, daß Zuhause weniger hungrige Münder zu sättigen waren. Die Armee konnte jedoch nicht mit leerem Magen marschieren. Die Einberufung von Landarbeitern aus den großen privaten Gütern, die vor allem für den Markt produzierten, führte zu einer Produktionssenkung in einer Zeit erhöhten Bedarfs. Die Arbeitsproduktivität in der Industrie sank auch, wenn qualifizierte Arbeiter, die schon vorher Mangelware waren, von unerfahrenen Arbeitern, Frauen, Kindern und Kriegsgefangenen ersetzt wurden.

Immer mehr begann die Bevölkerung ihre Unzufriedenheit nicht nur mit den militärischen Rückschlägen, sondern auch mit den Schwierigkeiten in der Heimat zu äußern, die - zu Recht oder Unrecht - der Unfähigkeit der Regierung angelastet wurden. Die vorübergehende Stimmung nationaler Solidarität bei Kriegsausbruch war nun verflogen. Die Industrie wurde von einer Welle von Streiks erschüttert, von denen manche mit deutschem Geld finanziert waren. Mitglieder der Parteien der Mitte in der Duma bildeten eine politische Allianz, den »Progressiven Block«, die den Zaren aufforderte, seine offenbar unfähige Verwaltung zu entlassen und diese durch eine »Regierung des öffentlichen Vertrauens« zu ersetzen, womit sie vermutlich sich selbst meinten. Das Kriegsindustriekomitee und andere freiwillige Organisationen, wie die Vereinigung der *Semstwa*, spürten, daß ihre Hilfs- und Wohlfahrts-Aktivitäten durch die Behörden eher gehindert, als ermutigt wurden; aber eine Mischung von Patriotismus und Profiten aus der Rüstungsproduktion verhinderte, daß sie ihre politischen Forderungen wirklich mit ökonomischen Drohungen oder Sanktionen unterstützten. Dummerweise verstärkte der Zar seine eigene Isolierung und Unbeliebtheit, indem er 1915 persönlich das Kommando der russischen Armee übernahm. Seine kaum hilfreiche Anwesenheit im militärischen Hauptquartier in Mogilew ließ die Führung der Geschäfte in der Hauptstadt (jetzt als »patriotische« Geste in Petrograd umbenannt) mehr in den Händen seiner neurotischen Frau - in der Öffentlichkeit verächtlich als Nemka (»die deutsche Frau«) bekannt - und des abscheulichen Rasputin.

Schwere Verluste an der Front und verstärkte Einberufungen im Hinterland bedeuteten, daß Gesicht und Zusammensetzung der russischen Armee sich wandelten. In den Reihen der demoralisierten Truppen standen nicht so sehr ausgebildete und loyale Kämpfer für Zar und Vaterland, als vielmehr eilig gezogene und armselig ausgerüstete »Bauern in Uniform«. Das traditionelle Offizierskorps wurde durch Einberufung von jungen professionellen Männern immer mehr verwässert, die sonst niemals eine militärische Karriere erwogen hätten. Diese können vielleicht als die »Intelligenz in Uniform« bezeichnet werden - eine Gruppe, deren politische Instinkte nicht für automatische Lehnstreue zum Regime prädisponiert waren. An der Spitze wurde sogar der Generalstab, verbittert von der Einmischung eines unerfahrenen, ineffektiven Kaisers in militärische Dinge, zunehmend von seinem Souverän entfremdet, und es baute sich allmählich Druck für seinen Rücktritt auf. Trotz der Abneigung des Militärs waren es jedoch weder das Oberkommando, noch die Duma-Politiker, noch weniger die revolutionären Parteien, die schließlich den »Blutigen Nikolaus« zu Fall brachten. Dies war durch die spontane Erhebung der politisch radikalisierten Massen verursacht.

Februarrevolution und »Doppelherrschaft« (Februar-Juli 1917)

Die Krise erreichte Ende Februar 1917 ihren Höhepunkt. Unruhen in Lebensmittelschlangen hungriger Käufer eskalierten bald zu gewalttätigen Demonstrationen, Zusammenstößen mit der Polizei und schließlich militärischer Meuterei der unruhigen Truppen der Moskauer Garnison. Innerhalb von vier hektischen Tagen - 27. Februar bis 2. März - wurde die Duma nach Hause geschickt, die Regierung brach zusammen, der Zar wurde zur Abdankung gezwungen, und zwei neue revolutionäre Organe von politischer Autorität erschienen auf der Bühne, die erste Provisorische Regierung und der Petrograder Sowjet der Arbeiter- und Soldatenräte. Die Autokratie war zu Ende. Die Provisorische (d.h. vorläufige) Regierung, geführt von Prinz Lwow, war von Kadetten und anderen Mitgliedern des »Progressiven Blocks« dominiert und repräsentierte, obwohl durch die Aktion der revolutionären Arbeiter und Soldaten Petrograds an die Regierung katapultiert, die politischen Interessen der Mittel- und Oberklassen. In den wenigen Wochen ihres Bestehens führte sie ein Programm demokratischer Reformen und der Gesetzgebung von Bürgerrechten durch, das auch Lenin - ihren kompromißlosen Gegner - veranlaßte, Rußland als »den freiesten aller kriegsführenden Staaten« zu bezeichnen. Die unveränderte Politik der neuen Regierung - die Fortsetzung des Krieges - führte jedoch bald zu ihrem Fall. Die Bezeichnung »provisorisch« für die Regierung Lwow wurde so von den Ereignissen bestätigt; ob sie je wirklich eine »Regierung« war, ist angesichts der Natur ihres Verhältnisses zum Petrograder Sowjet eine offene Frage. Trotz seiner schwerfälligen, chaotischen und fließenden Zusammensetzung war es der Sowjet, oder besser sein Zentral-Exekutiv-Komitee, der tatsächlich die Ereignisse in der Hauptstadt beherrschte. Sowohl durch das Ausmaß der Unterstützung der Bevölkerung, die er genoß, wie durch seine Kontrolle der Fabriken, Kasernen und hauptsächlichen Kommunikationsmittel wurde der Arbeitersowjet die effektive Mit-

Regierung Rußlands, ein System, das durch den Begriff »Doppelherrschaft« (*dwoewlastie*) charakterisiert wurde.

Je mehr die Autorität der alten zaristischen Bürokratie und Polizeikräfte im ganzen Land zerbröckelte, wurde sie von einer verwirrenden Zahl vielfältiger Volksräte, Sowjets, Komitees und anderer Organe der Kontrolle des Volkes ersetzt, die aus dem Chaos Nutzen zogen, indem sie ihre eigenen sektoralen und oft einander widersprechenden Interessen verfolgten und schützten. Die Bauernschaft - abgesehen von der in Uniform - spielte in der Februarrevolution keine Rolle. Jedoch bot die Lähmung der Administration auf dem Lande im Laufe des Jahres den Bauern die Gelegenheit, ihren alten Traum zu verwirklichen und den Boden zugunsten derer zu besetzen, die ihn bearbeiteten. Die agrarischen Unruhen reichten in ihrer Schwere von Akten der Eigentumsverletzung und des unerlaubten Fällens von Bäumen bis zur vollständigen Enteignung und Aufteilung der großen privaten Güter und sogar von Betrieben von Landwirten, die während der Stolypinschen Reform die Dorfgemeinde verlassen hatten. Wo erforderlich, wandte man Gewalt an. Die Regierung rief zu Geduld, Ordnung und ordentlichen gesetzlichen Prozeduren nach Wahlen zu einer Konstituante auf. Die Feinheiten des Parlamentarismus wirkten jedoch nicht auf den halb-analphabetischen und landhungrigen Bauern, der endlich »von unten« erreichte, was Alexander II. 1861 nicht »von oben« durchsetzen konnte.

Noch dringender als die Landfrage war die Frage des Krieges. Natürlich wollte niemand von Deutschland und Österreich-Ungarn überwältigt werden; aber die große Mehrheit der Massen, ob mit oder ohne Uniform, war müde und wünschte ein Ende der Schlächterei. Die militärische Disziplin wurde durch den »Befehl Nr. 1« des Petrograder Sowjets vom 2. März unterminiert, der dazu aufrief, in jeder militärischen Einheit Soldatenkomitees einzurichten, und die traditionell hierarchischen Beziehungen zwischen Offizieren und Mannschaften aufzuheben. Desertionen, Fraternisierung und die Weigerung zu kämpfen außer in einem Verteidigungskrieg, der zu einem »demokratischen Frieden« ohne »Annexionen und Reparationen« führen sollte, wurden immer allgemeiner.

Auf den Feldern, in den Fabriken und an der Front mobilisierte sich daher die Bevölkerung selbst für eine fortgesetzte revolutionäre Aktion, während die Zwillingsorgane der Doppelherrschaft über die zwei entscheidenden aktuellen Probleme - Frieden und Land - unentschieden schwankten und zögerten. Die Lage in den politischen Parteien war nicht klarer. Auch die Bolschewiki (Lenin war nicht anwesend) freuten sich zwar über den Sturz der Monarchie, waren jedoch auf eine unbestimmt lange Periode »bürgerlicher« Regierung eingestellt und unentschieden über die Frage der Wiedervereinigung mit den Menschewiki. Die Lage änderte sich, als Lenin am 3. April wieder in Rußland eintraf. Auf dem Finnischen Bahnhof in Petrograd hielt er vor den ihn begrüßenden Massen eine Rede mit einer deutlichen Aufforderung zur internationalen sozialistischen Revolution. Das überraschte auch einige der führenden Bolschewiki, die im großen ganzen mit der Vollendung der »bürgerlichen« Februarrevolution zufrieden waren. Sie hätten jedoch keinen Grund gehabt, überrascht zu sein. Seit 1905 hatte Lenin ständig von der Errichtung einer »revolutionären, demokratischen Diktatur des Proletariats und der armen Bauernschaft« gesprochen und geschrieben. Jetzt versäumte er nicht, seine Ansichten in seinen berühmten *Aprilthesen* auszuarbeiten, die am 7. April in der *Prawda*, der Parteizeitung veröffentlicht wurden. Seine Perspektiven waren jetzt fest darauf gerichtet, die bürgerlich-demokratische Revolution in eine proletarische Erhebung umzuwandeln und einen sozialistischen Arbeiterstaat zu begründen - mit der Parole: »Alle Macht den Räten«.

Lenins Einstellung zu den Sowjets war tatsächlich zweideutig. Einerseits waren sie ein Beispiel von der Art der »Spontanität« der Arbeiterklasse, die ihm immer verdächtig gewesen war und vor der er in *Was tun?* gewarnt hatte. Andererseits schienen sie jetzt viel repräsentativer die Interessen der Arbeiterklasse zu vertreten als die von der liberalen Mittelklasse beherrschte Provisorische Regierung; daher schienen sie das beste Mittel zu bieten, um die bürgerlich-demokratische in die proletarisch-sozialistische Revolution umzuwandeln. Später wurde die Parole kurzentschlossen aufgegeben, als Führer des Petrograder Sowjets mehr darum besorgt schienen, die Politik der Provisorischen Regierung zu fördern - bis hin zur Annahme von Ministerposten - als die revolutionäre Sache der Massen. Auf dem ersten all-russischen Rätekongreß im Juni verfügten die Bolschewiki nur über etwa ein Achtel aller Delegierten. Erst als im September die Bolschewiki in den Sowjets der Hauptstadt und anderswo über eine klare Mehrheit verfügten, wurde die Parole wieder aufgenommen und nach ihr gehandelt. Im Augenblick waren die Aprilthesen noch nicht die Politik der Partei und wurden tatsächlich von den Herausgebern der *Prawda* abgelehnt. Lenins Forderung einer proletarischen Revolution wurde von vielen, auch unter seinen eigenen Anhängern, als opportunistisch, abenteuerlich, unmarxistisch und als gefährliches Abgleiten zum Bakuninschen Anarchismus interpretiert. Trotz der Vorbehalte seitens der Intellektuellen und Theoretiker der Partei widerspiegelte Lenins Programm jedoch deutlich und artikulierte die zunehmend radikale Stimmung der Parteibasis und der kämpferischen Arbeiter und Soldaten. Ende April waren seine Thesen als unmittelbares Parteiprogramm angenommen, und in den wenigen nächsten Monaten wuchs die Mitgliedschaft schnell; Fabrikarbeiter machten 60 Prozent des

Mitgliederzuwachses aus. Man könnte behaupten, Lenin und die Bolschewiki seien vor dem April 1917 ein relativ unbedeutender Faktor in der russischen Geschichte gewesen. Das war nun nicht mehr der Fall. Von ihrer Position an den Rändern der russischen Politik aus sollte die Partei der Bolschewiki bald im Zentrum der Bühne stehen.

Die Veröffentlichung einer Note von Außenminister Miljukow am 18. April, die den Arbeitern versicherte, Rußland werde den Krieg bis zum Sieg fortsetzen, führte zu empörten Protesten und schließlich zum Rücktritt der Regierung Lwow. Eine neue Regierung wurde gebildet, die jetzt Mitglieder der sozialistischen Parteien im Sowjet einschloss. Die »Zusammenarbeit« von Menschewiki und SR als Minister mit der bürgerlichen, kriegswilligen Regierung bedeutete, daß die Bolschewiki jetzt die einzige politische Richtung waren, die eine unentwegte Antikriegspolitik verfolgte, indem Lenin die Umwandlung des imperialistischen Krieges in eine Reihe revolutionärer Kriege in jedem kriegführenden Land forderte. Die feste Erwartung einer internationalen Revolution in Europa dominierte sein Denken, als die Bolschewiki im Oktober ihre eigene Revolution begannen.

Der neue Kriegsminister, Alexander Kerenski (1881-1971), stellvertretender Vorsitzender des Sowjets und gemäßigter Sozialist, befahl im Juni eine neue militärische Offensive gegen Österreich an der galizischen Front. Der anfängliche Vormarsch wurde gestoppt und schnell in eine wilde Flucht gewandelt. Der militärischen Katastrophe entsprach ein neuer Ausbruch öffentlicher Unruhen in Petrograd. Tausende Demonstranten verstopften die Straßen; es wimmelte von Fahnen der Bolschewiki, viele Menschen wurden getötet oder verletzt; der sozialistische Landwirtschaftsminister wurde fast gelyncht. Die »Julitage« waren die bedrohlichste Manifestation der Unzufriedenheit der Bevölkerung mit der Regierung seit der Februar-Revolution. Lenin meinte jedoch, es sei voreilig, wenn die Demonstrationen zur Revolution eskalierten, und eine äußerliche bürgerliche Ordnung wurde wiederhergestellt. Der Einfluß der Bolschewiki ging nun für kurze Zeit zurück. Die Beteilung der Sowjets an der zweiten Provisorischen Regierung und die zahlenmäßige Überlegenheit der Menschewiki und SR in den Sowjets veranlaßten Lenin, vorläufig die Parole »Alle Macht den Räten« aufzugeben. Kerenski wurde neuer Premierminister, während der scharfmacherische General Kornilow zum Oberkommandierenden ernannt wurde und die Todesstrafe an der Front wiedereinführte. Gerüchte wurden verbreitet, Lenin sei ein deutscher Agent im Solde des Kaisers, und Befehle wurden herausgegeben, ihn zu verhaften. Die Bolschewiki wurden für die Gewalttätigkeit der Julierhebung und für den Mißerfolg der Galizien-Offensive verantwortlich gemacht, weil sie an der Front Antikriegspropaganda verbreitet hatten. Meuternde Regimenter wurden aufgelöst und Zeitungen der Bolschewiki verboten. Lenin entging der Verhaftung und ging in den Untergrund nach Finnland. Zu den anderen Bolschewiki, die verhaftet wurden, gehörte Leo Trotzki. Immer eine Art Nonkonformist in der sozialdemokratischen Bewegung, leitete Trotzki seine eigene, unabhängige Organisation; jetzt aber im Mai nach seiner Rückkehr aus dem Ausland nach Rußland erklärte er seine Solidarität mit den Bolschewiki. Er sollte bald eine führende Rolle bei der Planung und Durchführung der Oktoberrevolution spielen.

Obwohl die neue Regierung Festigkeit zeigte, vervielfältigten sich die Probleme. Ländliche Revolte, Zusammenbruch der Industrie, militärischer Kollaps, ungebremste Inflation und nationale Unabhängigkeitsbewegungen in Finnland, Polen, der Ukraine und im Kaukasus verstärkten die turbulente Welle der Revolution, die Kerenskis Schuhe überflutete. Zögern bei der Lösung des Landproblems, Unentschlossenheit wegen der Einberufung einer konstituierenden Versammlung und vor allem die Fortsetzung des Krieges demonstrierten klar die Unfähigkeit des legalistischen Premierministers, der revolutionären Massenstimmung effektiv zu antworten. Nur die Bolschewiki versprachen »Frieden, Brot und Land« sofort.

Der Revolution der Bolschewiki entgegen (August-Oktober 1917)

Die unmittelbare Bedrohung für Kerenski kam jedoch nicht von der Linken, sondern von der Rechten in der Form des versuchten Militärputschs von General Kornilow am 28. August. Die Beziehungen zwischen dem Premierminister und seinem Oberkommandierenden waren eine Mischung von politischem Antagonismus und persönlichem Mißtrauen. Ständiger deutscher Vormarsch durch das Baltikum, der in der Einnahme Rigas am 21. August kulminierte, öffnete dem Feind den Weg nach Petrograd; und Kornilow hatte kein Vertrauen in Kerenskis Fähigkeit, die notwendigen harten politischen Maßnahmen zu ergreifen, um die militärischen Rückschläge aufzuhalten. Da Kerenski Kornilow verdächtigte, die Übernahme der politischen Macht zu planen, enthob er ihn seines Postens. Kornilow ignorierte das und rächte sich, indem er seine eigene Proklamation herausgab und Kosaken- und Kavallerie-Regimentern befahl, zur Stadt zu marschieren. Unter anderem erwog er die Erschießung der Mitglieder des Sowjets. Eine konterrevolutionäre Militärdiktatur schien zu drohen. Seine Truppen waren jedoch verwirrt und ihrer Loyalität unsicher, und in jedem Fall auf ihrem Vormarsch durch die Störungsaktion von Eisenbahnern und Fabrikarbeitern aus Petrograd gehindert, die sich unter Kornilows Leute mischten und sie überzeugten, daß der Plan ihres Generals sich gegen die Interessen der Revolution richtete. Kein Schuß wurde abgefeuert. Die entmutigten Truppen lösten sich auf, und der konterrevolutionäre Putsch war erledigt.

Die wirkliche Bedeutung der Kornilow-»Meuterei« liegt in der Tatsache, daß er einen erneuten Anstieg der Popularität der Bolschewiki ankündigte. Der bedrängte Kerenski war gezwungen worden, um ihre Unterstützung zu bitten; inhaftierte sozialistische Führer wurden freigelassen und einige Politiker der Rechten verhaftet. Am 1. September wurde Rußland zur Republik erklärt. Der Sowjet begann, Abteilungen von Fabrikarbeitern wiederzubewaffnen - die »Roten Garden« - und Anfang September erreichten die Bolschewiki zum ersten Mal eine Mehrheit in den Sowjets von Petrograd und Moskau. Lenin, noch in seinem Versteck, nahm die Parole »Alle Macht den Räten« wieder auf. In den wenigen nächsten Wochen bombardierte er das Zentralkomitee der Partei mit einem Sperrfeuer von Forderungen für einen unmittelbaren Aufstand des bewaffneten Proletariats, den Sturz von »Kerenski und Kompanie« und die Ergreifung der politischen Macht. Nur eine Regierung der Bolschewiki, erklärte er, könne die Forderungen des revolutionären Volkes erfüllen. Er schob das Zaudern seiner Genossen beiseite, die zu Geduld rieten und auf die Wahlen zu einer Konstituante oder wenigstens bis zum geplanten Zusammentritt des zweiten Sowjetkongresses warten wollten; Lenin gab ihnen zurück: »Die Geschichte wird uns nicht vergeben, wenn wir die Macht nicht jetzt ergreifen« und »Verzögerung ist ein Verbrechen«.

Trotzki, jetzt aus dem Gefängnis entlassen, war sowohl Vorsitzender des Petrograder Sowjets wie Mitglied des Zentralkomitees der Bolschewiki. Am 10. Oktober verließ Lenin sein Versteck und machte sich inkognito auf den Weg zu einer Sitzung des Zentralkomitees. Nach ausgedehnter und oft scharfer Debatte wurde sein Antrag auf bewaffneten Aufstand mit 10 gegen 2 Stimmen schließlich angenommen. Die proletarische Revolution war nun »an der Tagesordnung«. An welchem Tag - das war jedoch noch zu entscheiden. Lenin drängte auf sofortiges Handeln, aber die Rückkehr in sein Versteck hielt ihn vom Epizentrum des drohenden Sturmes fern. Einflußreicher war Trotzki, jetzt zum Vorsitzenden eines erst kürzlich gebildeten Organs ernannt, das dem Sowjet verantwortlich war, genannt das Revolutionäre Militärkomitee, das die Truppen der Petrograder Garnison effektiv kontrollierte und damit die Provisorische Regierung und Kerenski offen herausforderte, der den militärischen Oberbefehl übernommen hatte. Die Bolschewiki machten aus ihren Aufstandsvorbereitungen kein Geheimnis, aber Kerenski schien ohnmächtig, diese zu verhindern. Versuche, Mitglieder des Revolutionären Militärkomitees zu verfolgen, die Presse der Bolschewiki zu verbieten und loyale Truppen zu rekrutieren, waren ohne Erfolg.

Es wäre jedoch unkorrekt anzunehmen, die Planung der Bolschewiki für die Revolution sei effizient, koordiniert oder genau überlegt gewesen. Sie hatte eher durch Versäumnis als durch Planung ihren Erfolg. Wie Trotzki selbst zugab, waren die Ereignisse vom 24. - 26. Oktober durch Verwirrung, Besorgnis, Unsicherheit und Opportunismus gekennzeichnet. Lenin erreichte das Hauptquartier der Bolschewiki am Abend des 24. Während der Nacht übernahmen Abteilungen bewaffneter Arbeiter, unter dem Befehl des von den Bolschewiki beherrschten Revolutionären Militärkomitees und angeführt von Partei-»Kommissaren«, die Nervenzentren der Stadt. Ohne Widerstand besetzten sie die Bahnhöfe, kontrollierten die Brücken und ergriffen von den Banken, Post- und zentralen Telegraphenbüros Besitz. Am folgenden Tag drangen Rote Garden, Soldaten und Matrosen in den Winterpalast ein - frühere Residenz des Zaren und letztes Refugium der Provisorischen Regierung. Nach Stunden der Unentschlossenheit und ignorierten Ultimaten, unterbrochen von sporadischem und unschädlichem Granatfeuer, drang in der Nacht vom 25. zum 26. eine Schwadron der Roten Garden in den Palast ein (sie »stürmte« ihn nicht) und verhaftete die verbliebenen Mitglieder der Provisorischen Regierung. Kerenski war nicht unter ihnen. Er war vorher in einem Wagen geflohen, den die US-Botschaft ihm zur Verfügung gestellt hatte. Das waren in kürze die relativ unspektakulären Hauptereignisse der politisch bedeutsamen Oktoberrevolution. Nur etwa ein Dutzend Menschen verloren ihr Leben im Laufe einer Krise von 48 Stunden, die dramatisch die politische Geschichte der Welt ändern sollte.

Kurz vor der Verhaftung der Provisorischen Regierung hatten die Delegierten des verspäteten zweiten Sowjetkongresses ihre Beratungen begonnen. Die Bolschewiki verfügten jedenfalls über die Mehrheit, aber der Beschluß der Menschewiki und SR, sich aus Protest gegen die Ankündigung des Coups zurückzuziehen, sicherte, daß die Aktion vom Kongreß formell bestätigt wurde. Die Ereignisse hatten zufällig mit Trotzkis Taktik zusammengepaßt, was den äußeren Eindruck ergab, daß die Machtergreifung der Bolschewiki in der Tat eine Machtübernahme der Sowjets war. In einer späteren Sitzung billigte der Kongreß ebenfalls einstimmig zwei entscheidende Beschlüsse, das Dekret über den Frieden und das Dekret über den Boden. Das erstere forderte einen sofortigen Waffenstillstand und einen Verhandlungsfrieden, das zweite bestätigte mehr oder weniger den Prozeß der Landverteilung, den die Bauern ohnehin durch ihre eigenen Anstrengungen schon vollendet hatten. Die Bolschewiki hatten damit - wenigstens auf dem Papier - die zwei Hauptversprechen eingelöst, mit denen sie ihre Kampagne betrieben und die ihre Massenunterstützung befestigt hatten. Der Kongreß wählte auch eine neue revolutionäre Regierung, die nur aus Bolschewiki bestand, mit Lenin als Vorsitzendem - den Rat der Volkskommissare (*Sownarkom*). Die erste Sowjetregierung war geboren.

Im Verlauf von nur acht Monaten war das Russische Reich, von einer absoluten Monarchie regiert, dramatisch in eine revolutionäre Republik unter Führung einer Regierung von Marxisten umgewandelt worden, die sich der Errichtung eines internationalen Sozialismus verpflichtet fühlten. Lenin selbst war plötzlich aus relativer Obskurität an die Führung dieser Regierung gelangt. Die Bolschewiki hatten erfolgreich die Macht ergriffen, aber die Revolution hatte in Wirklichkeit gerade erst begonnen. Ihre Position war keineswegs gesichert, sie waren immer noch eine Minderheitspartei; große Teile der Gesellschaft widersetzten sich ihnen oder kannten ihre Intentionen nicht. Der Konflikt mit Deutschland ging weiter, wurde aber von einem qualvollen, brudermörderischen Bürgerkrieg überlagert, der Ozeane von Blut vergoß und Bedingungen von unbeschreiblichem Chaos und Leiden schuf. Trotz der unmittelbaren Kämpfe und Ungewißheiten hatte die bolschewistische Oktoberrevolution 1917 ein neues Kapitel in der Geschichte eröffnet, nicht nur in Rußland, sondern für den ganzen Planeten.

War die Revolution unvermeidlich? Hätte man sie vermeiden oder ihr zuvorkommen können? Die Frage ist natürlich völlig hypothetisch, und die historiographischen und philosophischen Probleme, die in einem Versuch der Beantwortung beschlossen sind, sind viel zu komplex und tief, als daß sie zu diesem Zeitpunkt behandelt werden könnten. Ein Punkt ist jedoch bedenkenswert. Es steckte deutlich mehr hinter dem Sieg der Bolschewiki als ideologische oder organisatorische Überlegenheit über andere politische Kräfte. Die Bolschewiki befanden sich einfach viel stärker in Übereinstimmung mit den Gefühlen des Volkes als die verfassungstreuen liberalen Politiker oder die gemäßigten Sozialisten. Im besonderen trug Lenins entschlossene Haltung zu Frieden und Land und sein Verständnis der revolutionären Macht der Bauernschaft sehr viel zur Popularität seiner Partei und ihrem schließlichen Erfolg bei. Natürlich: hätte Kerenski ein ähnliches Programm angenommen; hätte er öffentlich ein sofortiges Kriegsende versprochen und wäre er bereit gewesen, die Verteilung des Großgrundbesitzerlandes gesetzlich abzusichern, - dann wäre es durchaus möglich gewesen, daß er die Unterstützung der Massen gewonnen hätte, die notwendig war, um an der Macht zu bleiben. Aber, wie Florinsky bemerkte, hätte Kerenski eine solche Politik vertreten, dann wäre Kerenski auch ein Bolschewik gewesen.

6
Interpretationen und Schlußfolgerungen

Die Revolution versprach, auch wenn sie dies auf mittlere Sicht nicht schaffte, eine Lösung der sozialen, ökonomischen und politischen Widersprüche, die im Einführungskapitel dargelegt sind. Sie markierte auch den Höhepunkt der früheren revolutionären Traditionen, die die Kräfte des Massenaufstandes, der intellektuellen Opposition und der militärischen Fahnenflucht zusammenfaßte und in der man Elemente von Westlertum, Slawophilie, Narodnikitum, Marxismus und Anarchismus erkennen konnte. Es ist nicht überraschend, daß die hochpolitische Natur der Ereignisse von 1917 eine große Vielfalt von Interpretationen und historiographischen Zugängen provoziert hat, die sich über das gesamte ideologische und intellektuelle Spektrum erstrecken. In der früheren Sowjetunion dominierte ein streng marxistisch-leninistischer (d.h. stalinistischer) Zwang - er war in der Tat obligatorisch - bei der Interpretation der Revolution. Nach dieser Ansicht war die Oktoberrevolution der unausweichliche Höhepunkt eines Prozesses historischer Entwicklung, der von wissenschaftlichen Gesetzen, unerbittlichen ökonomischen Kräften und der Dynamik des Klassenkampfes bestimmt war. Die russische Arbeiterklasse wurde in diesem Kampf durch die Partei der Bolschewiki - die »Avantgarde des Proletariats« - mit Lenin an der Spitze zum Sieg geführt. »Die große sozialistische Oktoberrevolution« läutete eine neue Ära in der Geschichte der Menschheit ein, die Ära des Sozialismus, der sich zum vollen Kommunismus wandeln würde. Von den späten 20er bis zu den späten 80er Jahren waren alle professionellen Historiker, Forscher, Schriftsteller, Lehrer und Studenten der Revolution in der UdSSR gezwungen, innerhalb dieses ideologischen und methodologischen Rahmens zu arbeiten, der alle anderen Interpretationen als abweichlerisch, konterrevolutionär, weißgardistisch, bürgerlich-reaktionär und allgemein als unwissenschaftlich verurteilte. Die Geschichtsschreibung spielte so eine legitimierende Rolle für das politische Machtmonopol, das die Kommunistische Partei der Sowjetunion bis in die jüngste Zeit genoß. Geschichte war die Dienstmagd des Staates.

Im Westen waren die Interpretationen der Revolution gleichfalls von politischer Zweckmäßigkeit und Überlegungen gefärbt, die nicht frei von ihren eigenen ideologischen Vorgaben waren. Zur Zeit der Revolution war im Westen die Kenntnis der politischen, sozialen und ökonomischen Kräfte, die sie zuwege gebracht hatten, minimal. Der Bolschewismus selbst war eine unbekannte Größe, und es ist meist das Unbekannte, das die größte Furcht erzeugt. Die fremden Regierungen waren verständlicherweise feindselig gegen den jungen sozialistischen Staat eingestellt, dessen Führer offen dem Ziel der internationalen Revolution und der Vernichtung des Kapitalismus verpflichtet waren. Ein zeitgenössischer britischer Politiker, Winston Churchill, erklärte, der Bolschewismus müsse »in seinem Kissen erstickt werden«. Aber jenseits politischer Antipathie bewirkten kulturelle und sogar sprachliche Hindernisse, daß frühe westliche Wahrnehmungen der Revolution stark von den übersetzten Berichten, Memoiren und Analysen emigrierter russischer Schriftsteller und Wissenschaftler beeinflußt wurden, von denen manche führende, andere geschlagene Akteure des Dramas gewesen waren. Diese hatten natürlich in ihrer Gegnerschaft gegen das Sowjetregime ihr eigenes persönliches oder politisches Hühnchen zu rupfen. Eine »liberale« Gegen-Orthodoxie entstand, die postulierte, Rußland hätte weiter einen reformistischen Weg zu größerer Freiheit, wirklich konstitutioneller Regierung und wirtschaftlicher Prosperität verfolgt, wäre nicht der Erste Weltkrieg dazwischen gekommen. Einige Kommentatoren, die intellektuell unfähig waren zuzugeben, daß Unterdrückungsregierungen gelegentlich durch spontane Massenaktionen gestürzt werden, fragten, ob im Februar 1917 eine Revolution im rechten Sinn des Wortes stattgefunden habe! Nach dieser Denkrichtung, sehr kontrovers von George Katkow artikuliert, wurde die Abdankung von Nikolaus Romanow durch eine Verschwörung beschleunigt, die von einer »Freimaurergruppe« selbstsüchtiger Geschäftsleute und verräterischer liberaler Politiker gesteuert war, und durch die Machinationen des deutschen Auswärtigen Amtes und des militärischen Oberkommandos, die die Unterminierung der russischen Kriegsanstrengungen als Teil ihrer *Revolutionspolitik* finanziell unterstützten, d.h. der Politik, soziale und ökonomische Unruhe im Feindesland zu schüren. Andere meinten, daß, nachdem einmal das kriegsgeschwächte Regime zusammengebrochen *war*, die Möglichkeit wesentlich größer geworden war, volle bürgerliche Freiheiten und parlamentarische Institutionen zu schaffen, und daß nach dem Ende des Krieges das Land vorbereitet war, sich in Richtung westlicher demokratischer Politik, einer pluralistischen Zivilgesellschaft, der Herrschaft des Gesetzes und einer erfolgreichen kapitalistischen Wirtschaft zu entwickeln. Das optimistische Szenario wurde dann durch die verruchten Bolschewiki gestört, die mitten im Prozeß erschienen und, geführt von einem dogmatischen und machthungrigen Eiferer, die einfältigen Massen betörten und mit dem Gewehr im Anschlag die politische Macht an sich rissen. Damit leiteten sie eine Herrschaft ideologisch motivierten Terrors ein, der Rußland in ein neues dunkles Zeitalter totalitärer Unterdrückung stürzte. Es gab auch einige verächtliche Versuche, die Revolution als eine jüdische Verschwörung zu erklären.

Wie auch immer ihr Anspruch auf »Objektivität«, haben die einflußreichsten Vertreter der liberalen westlichen Gelehrtenwelt in der Mitte des 20. Jahrhunderts ständig die Revolution »von oben« analysiert. D.h., sie konzentrierten ihre Studien auf die Aktivitäten der führenden Individuen (z.B. Nikolaus II., Kerenski, Lenin) oder wichtiger Gruppierungen - wie die Vierte Duma, den Petrograder Sowjet, die Provisorischen Regierungen, das Zentralkomitee der Bolschewiki usw. - ohne ordentlich zu analysieren, was die gewöhnlichen Menschen in Rußland - Fabrikarbeiter, landhungrige Bauern, wehrpflichtige Soldaten, radikalisierte Matrosen, Frauen in Brotschlangen - 1917 dachten und taten. E. H. Carr sagte 1961 von der neueren westlichen Forschung über Rußland: »Vieles, was in den letzten 10 Jahren in englischsprachigen Ländern geschrieben wurde ..., war durch die Unfähigkeit verfälscht, auch nur das elementarste Maß schöpferischen Verständnisses dessen zu erreichen, was im Kopf der anderen Seite vor sich ging.«

Jene ausländischen Autoren, linke Intellektuelle und sogenannte »fellow-travellers«, die versuchten, etwas Sympathie und Verständnis für die Massenbewegungen und elementaren Kräfte zu zeigen, die während der Revolution entfesselt wurden, machten sich oft schuldig, indem sie übertrieben glänzende Bilder einer Nation malten, die die Tyrannei gestürzt hatte und jetzt darum kämpfte, eine gerechte und egalitäre Gesellschaft aufzubauen, in der die Interessen der arbeitenden Massen im Zentrum der Bemühungen standen, nicht mehr die der ausbeuterischen Klassen. Trotz ihrer guten Absichten waren ihre Darstellungen oft naiv und schlecht informiert. Sie wurden von orthodoxen Marxisten und westlichen Liberalen gleichermaßen verurteilt; die ersteren sahen in diesen Interpretationen eine zu starke Betonung der spontanen, volkstümlichen Natur der Revolution und zu wenig von der Avantgarde-Rolle der Partei der Bolschewiki; die letzteren lehnten diese Position ab, weil sie eine Vision des kleinen Mannes bot, der fähig ist, sein Schicksal selbst zu gestalten - ein unerfreuliches Konzept für viele Vertreter des traditionellen westlichen Establishments.

Nach dem oben zitierten Vortrag von E. H. Carr hat eine neue Generation westlicher Historiker, die weniger der alten Schule der liberalen Emigranten verbunden war, aber dennoch die institutionalisierten Fälschungen der sowjetischen Geschichtsschreibung ablehnte, ein beeindruckendes Maß von Forschung durchgeführt und eine riesige Liste von Arbeiten veröffentlicht, in denen die Revolution mittels einer Kombination von traditioneller Historiographie, ökonomischer Analyse, soziologischer Untersuchung und der Methodologie der Politikwissenschaft untersucht wurde. Daraus entstand ein erfrischend gelassenes und genauestens dokumentiertes Bild der Revolution »von unten«, das die ganze soziale Komplexität, den schwankenden Rhythmus und die regionale Vielfalt der Umwälzung aufzeigt, die 1917 das Russische Reich überwältigte. Ein großer Teil dieser Forschung zeigt, daß nach dem Kollaps der Autokratie die russische Gesellschaft sich keineswegs für irgendein gemeinsames Ziel zusammenfand, sich vielmehr zunehmend nach Klassen polarisierte; die Arbeiter, Bauern und Wehrpflichtsoldaten entfremdeten sich immer mehr von einer Regierung, die weiterhin die Interessen der besitzenden Klassen verteidigte. Lenins Parole »Alle Macht den Räten«, im April angenommen und am Vorabend des Oktober wiederaufgenommen, sprach einfach das Gefühl der *hoi polloi* - der Vielen - aus, daß eine Regierung der Sowjets - der gewählten Vertreter der plebejischen Massen - die gewünschte Alternative war, nicht eine Regierung selbsternannter konservativer Politiker und finanziell privilegierter Geschäftsleute der Mittel- und Oberklasse. Der amerikanische Historiker Ronald Suny hat es so dargestellt: »Die Bolschewiki kamen an die Macht nicht, weil sie überlegene Manipulatoren oder zynische Opportunisten waren, sondern weil ihre Politik, wie sie Lenin im April formuliert hatte und wie sie von den Ereignissen der folgenden Monate geformt worden war, sie an die Spitze einer echten Volksbewegung stellte.« Ein anderer prominenter amerikanischer Forscher, Richard Pipes, dagegen schrieb vor kurzem: »Die russische Revolution wurde nicht von den Naturkräften oder von anonymen Massen gemacht, sondern von identifizierbaren Menschen, die ihren eigenen Vorteil suchten.« Die Kontroverse über die Ursprünge der russischen Revolution geht also unvermindert und nicht weniger zugespitzt seit dem Zerfall des Staats weiter, der aus ihr hervorging. In Rußland selbst hat der Zusammenbruch der Kontrolle der Kommunistischen Partei eine neue Aussicht auf Möglichkeiten eröffnet und eine ganze Tonleiter frischer Interpretationen hervorgebracht, die aufgrund jetzt freigegebenen Archiv-Materials erregende Aussichten auf das weitere Studium der Revolution von 1917 und ihrer Vorgeschichte geschaffen hat. In den späten achtziger Jahren wurde es immer offensichtlicher, daß die traditionelle marxistisch-leninistische Orthodoxie nicht länger akzeptabel ist. Gesellschaft und Massenmedien gingen dem professionellen historischen Establishment voraus mit ihrer Forderung nach einem völligen Bruch mit den Halbwahrheiten und dem offiziellen Geschwafel der Vergangenheit. Viele früher kommunistische Historiker wandelten sich plötzlich zu »Demokraten« und beteiligten sich an dem oft unziemlichen Rennen, gefallene Idole des alten Regimes wieder aufzurichten, ehrlose Personen der Vergangenheit zu rehabilitieren, und stürzten sich in eine Welle deplazierter Nostalgie für die Symbole und Totems der historisch bankrotten zaristischen sozialen und politischen Ordnung. Die Rückkehr des kaiserlichen doppelköpfigen Adlers (jetzt ohne Krone) als russisches Nationalemblem, die Rückbenennung von St. Petersburg 1991 (seit 1924 als Leningrad bekannt), der Aufstieg des russischen Nationalismus, die Aufwallung des orthodoxen Christentums und sogar die Wiedergeburt von Romanow-monarchistischen Sympathien in der Ex-UdSSR - das alles ist symptomatisch für eine neue und nicht unbedingt hilfreiche Re-Interpretation von Rußlands vorrevolutionärer und Revolutionsgeschichte, deren Konturen sich erst noch in klar identifizierbarem Relief herausbilden müssen. Für westliche wie russische Forscher ist bedeutsam, daß das Gewicht der russischen Revolutionen von 1917 für die Gestaltung der Geschichte des 20. Jahrhunderts nicht als Ergebnis dieser ephemeren und emotionellen politischen Strömungen verdrängt wird. Diejenigen, die die Revolution von 1917 herabsetzen, sollten bei der Verurteilung ihres politischen Machtspiels darauf achten, daß sie das Elend und den Verfall wie auch die Aspirationen und Ideale des russischen Volkes, die deren Triebkraft bildeten, nicht falsch interpretieren oder willentlich ignorieren.

Anregungen zu weiterführender Literatur

Die Literatur über die russische Revolution ist riesig. Sie geht in die Tausende Bände. Im folgenden gebe ich eine sehr selektive Liste als Anregung. Ausführliche Bibliographien und Hinweise auf weiteres Material finden sich in vielen dieser Werke. Für die deutsche Ausgabe wurden die Literaturhinweise von der Herausgeberin mit deutsch-sprachigen Arbeiten ergänzt. Da die deutschsprachigen Arbeiten in der internationalen Forschung quantitativ und qualitativ nur eine marginale Rolle spielen, mag es angehen, daß diese Arbeiten für die weiterführende Lektüre eines Schülers der gymnasialen Oberstufe ausreichen, aber bereits für den Grundstudiumstudenten einer deutschen Hochschule, ist es *unumgänglich* sich der Lektüre der englisch-sprachigen Literatur zu widmen.

E. Acton, Rethinking the Russian Revolution, London 1990.

E.M. Almedingen, Die Romanows. Die Geschichte einer Dynastie, München 1991.

A. Ascher, The Revolution of 1905. Russia in Disarray, Stanford 1988.

A. Ascher, The Revolution of 1905. Authority Restored, Stanford 1992.

Artur Aschmoneit, Trotzki, ZK, RMK. Das Revolutionäre Militärkomitee in der Oktoberrevolution, Düsseldorf 1991.

D. Beyrau, Militär und Gesellschaft im vorrevolutionären Rußland, Köln/Wien 1984.

E. Birth, Die Oktobristen (1905-1913), Stuttgart 1974.

A. Block, Der Sturz des Zarenreiches, Frankfurt/M. 1971.

B. Bonwetsch, Die russische Revolution 1917. Eine Sozialgeschichte von der Bauernbefreiung 1861 bis zum Oktoberumsturz, Darmstadt 1991.

J. Bushnell, Mutiny and Repression. Russian Soldiers in the Revolution of 1905-1906, Indiana 1987.

W. Chamberlin, The Russian Revolution, New York 1935.

O. Crisp and L. Edmondson (eds.), Civil Rights in Imperial Russia, Oxford 1989.

R. V. Daniels (ed.), The Russian Revolution, New Jersey 1972.
B. Dmytryshyn (ed.), Imperial Russia: A Source Book, Illinois 1974.
M. Ferro, The Russian Revolution of February 1917, London 1972.
M. Ferro, The Bolshevik Revolution: A Social History of the Russian Revolution, London 1980.
O. Figes, Peasant Russia, Civil War. The Volga Countryside in Revolution 1917-1921, Oxford 1989.
A. Fischer, Russische Sozialdemokratie und bewaffneter Aufstand im Jahre 1905, Wiesbaden 1967.
S. Fitzpatrick, The Russian Revolution, 1917-32, Oxford 1982; reprinted 1987.
M. Florinsky, The End of the Russian Empire, New York 1961.
M. Florinsky, Russia: A History and an Interpretation, vol. II, New York 1966.
E. R. Frankel, J. Frankel and B. Knei-Paz (eds.), Revolution in Russia: Reassessments of 1917, Cambridge 1992.
D. Geyer, Wirtschaft und Gesellschaft im vorrevolutionären Rußland, Köln 1975.
D. Geyer, Der russische Imperialismus. Studien über den Zusammenhang von innerer und auswärtiger Politik, 1860-1914, Göttingen 1977.
D. Geyer, Die russische Revolution. Historische Probleme und Perspektiven, Göttingen 1977.
G. Gill, Peasants and Government in the Russian Revolution, London 1979.
T. Hasegawa, The February Revolution: Petrograd 1917, Seattle 1981.
H. Haumann u.a. (Hg.), Aufbruch der Gesellschaft im verordneten Staat. Rußland in der Spätphase des Zarenreichs. Frankfurt/M. u.a. 1994.
M. Hildermeier, Die sozialrevolutionäre Partei Rußlands. Agrarsozialismus und Modernisierung im Zarenreich, 1900-1914, Köln/Wien 1978.
M. Hildermeier, Die russische Revolution, 1905-1921, Frankfurt/M. 1989.
P. Hoffmann, Rußland im Zeitalter des Absolutismus, Vaduz 1988.
D. H. Kaiser (ed.), The Workers' Revolution in Russia, 1917. The View from Below, Cambridge 1987.
G. Katkov/E. Oberländer u.a., Rußlands Aufbruch ins 20. Jahrhundert. Politik, Gesellschaft, Kultur, 1894-1917, Olten 1970.
J. Keep, The Russian Revolution: A Study in Mass Mobilisation, London 1976.
W.O. Kljutschewskij, Russische Geschichte von Peter dem Großen bis Nikolaus I., Zürich 1945.
D. Koenker, Moscow Workers and the 1917 Revolution, Princeton 1981.
M. Liebman, The Russian Revolution: Origin, Phases and Meaning of the Bolshevik Victory, London 1970.

E. Mandel, Oktober 1917. Staatsstreich oder soziale Revolution, Köln 1992.
M. McCauley (ed.), The Russian Revolution and the Soviet State, 1917-1921: Documents, London 1975.
M. McCauley (ed.), Octobrists to Bolsheviks: Imperial Russia, 1905-1917, London 1984.
M. McCauley and P. Waldron (ed.), The Emergence of the Modern Russian State, 1855-1881, London 1988.
R. H. McNeal (ed.), Russia in Transition, 1905-1914: Evolution or Revolution?, London 1980.
S. Melgunov, The Bolshevik Seizure of Power, Oxford 1972.
R. Pethybridge, The Spread of the Revolution 1917, London 1972.
R. Pipes, Rußland vor der Revolution. Staat und Gesellschaft im Zarenreich, München 1977.
R. Pipes, The Russian Revolution, 1899-1919, London 1992.
A. Rabinowitch, The Bolsheviks Come to Power, New York 1976.
D. J. Raleigh, Revolution on the Volga: 1917 in Saratov, Ithaca 1986.
Rauch, Georg von, Rußland im Zeitalter des Nationalismus und Imperialismus (1856-1917), München 1964.
H. Rogger, Russia in the Age of Modernisation and Revolution, London 1983.
D. Saunders, Russia in the Age of Reaction and Reform, 1801-1881, London 1992.
R. Service, The Bolshevik Party in Revolution, 1917-1923: A Study in Organisational Change, London 1982.
R. Service, The Russian Revolution, 1900-1927, London 1986 (Eine deutsche Ausgabe erscheint 1995 im Decaton Verlag).
R. Service, Lenin: A Political Life, vol. 2: Worlds in Collision, London 1991.
H. Shukman (ed.), The Blackwell Encyclopaedia of the Russian Revolution, Oxford 1987.
S. Smith, Red Petrograd: Revolution in the Factories, 1917-1918, Cambridge 1983.
N. Sobelev (ed.), History of the October Revolution, 2nd edn., Moscow 1966.
R. G. Suny, The Baku Commune, 1917-1918: Class and Nationality in the Russian Revolution, Princeton 1972.
L. Trotzki, Die Geschichte der russischen Revolution, Frankfurt/M. 1960.
A. Wildman, The End of the Russian Imperial Army: The Old Army and the Soldiers' Revolt (March-April 1917), Princeton 1980.
T. Ziemke, Marxismus und Narodnicestvo. Entstehung und Wirkung der Gruppe »Befreiung der Arbeit«, Frankfurt/M. u.a. 1980.

Siehe auch:

Die Artikel im *European History Quarterly*, Sondernummer: *Rewriting Russia 1917*, Vol. 22, Nr. 4, Oktober 1992.

Die Halbjahreszeitschrift *Revolutionary Russia*, die die Ergebnisse der neuesten Forschung auf diesem Gebiet publiziert.